Hans-Jürgen Kratz

30 Minuten für

effektives Delegieren

Bibliografische Information Der Deutschen Bibliothek

Die Deutsche Bibliothek verzeichnet diese Publikation in der Deutschen Nationalbibliografie; detaillierte bibliografische Daten sind im Internet über http://dnb.ddb.de abrufbar.

Umschlag und Layout: die imprimatur, Hainburg
Lektorat: Diethild Bansleben, Eppstein/Offenbach
Satz: Zerosoft, Timisoara, Rumänien
Druck und Verarbeitung: Salzland Druck, Staßfurt

Hinweis:
Das Buch ist sorgfältig erarbeitet worden. Dennoch erfolgen alle Angaben ohne Gewähr. Weder Autor noch Verlag können für eventuelle Nachteile oder Schäden, die aus den im Buch gemachten Hinweisen resultieren, eine Haftung übernehmen.

Printed in Germany

ISBN 3-89749-577-5

In 30 Minuten wissen Sie mehr!

Dieses Buch ist so konzipiert, dass Sie in kurzer Zeit prägnante und fundierte Informationen aufnehmen können. Mithilfe eines Leitsystems werden Sie durch das Buch geführt. Es erlaubt Ihnen, innerhalb Ihres persönlichen Zeitkontingents (von 10 bis 30 Minuten) das Wesentliche zu erfassen.

Kurze Lesezeit

In 30 Minuten können Sie das ganze Buch lesen. Wenn Sie weniger Zeit haben, lesen Sie gezielt nur die Stellen, die für Sie wichtige Informationen beinhalten.

- Alle wichtigen Informationen sind blau gedruckt.

- Schlüsselfragen mit Seitenverweisen zu Beginn eines jeden Kapitels erlauben eine schnelle Orientierung: Sie blättern direkt auf die Seite, die Ihre Wissenslücke schließt.

- *Zahlreiche Zusammenfassungen innerhalb der Kapitel erlauben das schnelle Querlesen. Sie sind blau gedruckt und zusätzlich durch ein Uhrsymbol gekennzeichnet, sodass sie leicht zu finden sind.*

- Ein Register erleichtert das Nachschlagen.

Inhalt

Vorwort

Heute kennt jede Führungskraft den Begriff „Delegation“. Dies verwundert nicht, zumal Fachleute die Delegation als eine der wirksamsten Managementmethoden bezeichnen, sie zuweilen gar als Allheilmittel betrachten. Erfahrungsgemäß klaffen jedoch zwischen einem flüchtigen Kennen einer Führungstechnik und ihrem wohlüberlegten und erfolgreichen Einsatz in der täglichen Führungspraxis Welten.

Im betrieblichen Alltag besteht eine Delegation oft genug in den lapidaren Worten des Vorgesetzten „Machen Sie mal...“. Wenn sich bei diesem „durchdachten“ Ansinnen anschließend ein Misserfolg einstellt, sieht sich dieser Vorgesetzte entweder in seiner Auffassung bestätigt, dass Delegation Teufelszeug ist oder er meint, es nur mit unfähigen Mitarbeitern zu tun zu haben.

Soll Delegation erfolgreich verlaufen, muss der Vorgesetzte sensibel und sorgsam zu Werke gehen. Diese Veröffentlichung gibt Ihnen vielfältige Hinweise und Denkanstöße, um Ihre Vorgehensweise bei der Delegation zu verbessern. Bei der Umsetzung unserer Empfehlungen werden Sie möglicherweise von manchen Verhaltensweisen Abschied nehmen und sie durch neue Erfolg versprechende Vorschläge ersetzen. Tritt anschließend eine von Ihnen gewollte Situationsverbesserung ein, werden Sie selbst, Ihre Mitarbeiter und schließlich auch Ihr Unternehmen die Früchte Ihrer Bemühungen ernten.

Wegen der besseren Lesbarkeit wurde für dieses Buch die gebräuchlichere männliche Form gewählt und auf Doppelbezeichnungen (z.B. der Vorgesetzte / die Vorgesetzte) verzichtet. Ich bitte die Damen, sich dennoch angesprochen zu fühlen.

Hans-Jürgen Kratz
www.personaltraining-kratz.de

1. Ihre Bestandsaufnahme

Bevor Sie Veränderungen in Ihrem Arbeits- und Führungsverhalten planen, machen Sie sich zunächst bewusst, von welchem Punkt aus Sie starten (Ist-Analyse).

1.1 Test Ihres Delegationsverhaltens

Unterziehen Sie sich bitte ohne Mogelei einem kleinen Test, mit dem Sie Ihre Bereitschaft und Fähigkeit zur Delegation ermitteln:

1. Nehmen Sie hin und wieder Arbeit mit nach Hause, die Sie während der Arbeitszeit nicht geschafft haben?

   Ja Nein

2. Wenden Sie Zeit für Routineaufgaben auf, welche eigentlich auch Ihre Mitarbeiter erledigen könnten?

   Ja Nein

3. Widmen Sie sich Tätigkeiten oder Problemen, die Sie in Ihrem vorigen Verantwortungsbereich zu erledigen bzw. zu lösen hatten?

   Ja Nein

4. Setzen Sie sich mit Arbeiten auseinander, die Ihnen Freude bereiten, die aber auch Ihren Mitarbeitern übertragen werden könnten?

   Ja Nein

5. Müssen Sie sich abmühen, Termine einzuhalten?

   Ja Nein

6. Ist Ihr Schreibtisch überhäuft, wenn Sie einige Tage nicht in der Firma waren?
   Ja Nein

7. Haben Sie Schwierigkeiten, sich Zeit und Ruhe für Ihre wirklich wichtigen Aufgaben zu nehmen?
   Ja Nein

8. Nehmen Sie immer wieder einmal Mitarbeitern Arbeiten ab, welche diese nicht bewältigen?
   Ja Nein

9. Arbeiten Sie durchschnittlich länger als 42 Stunden in der Woche?
   Ja Nein

10. Wollen Sie möglichst an allem beteiligt und über alles informiert sein?
    Ja Nein

Mit „Ja" beantwortete Fragen: ___. Auf Seite 15 lesen Sie bitte nach, wie Ihr Delegationsverhalten einzuordnen ist.

1.2 Werfen Sie Vorbehalte gegen Delegation über Bord

Möglicherweise verhinderten Ihre persönlichen vorwiegend schlechten Erfahrungen bislang einen intensiveren Einsatz des Führungsmittels Delegation. Überprüfen Sie das bitte, indem Sie spontan ankreuzen, wenn Sie zustimmen:

1. Weshalb soll ich eine Arbeit delegieren, wenn ich sie selber besser erledigen kann?	
	Stimme ich zu . . . .
2. Meinen Mitarbeitern fehlt die Erfahrung. Deshalb will ich sie nicht überfordern	
	Stimme ich zu . . . .
3. Wenn ich es selber mache, geht es schneller und ich spare kostbare Zeit	
	Stimme ich zu . . . .
4. Meine Mitarbeiter klagen über zu viel Arbeit, da kann ich nicht auch noch delegieren	
	Stimme ich zu . . . .
5. Wie sehe ich aus, wenn meine Mitarbeiter die von mir bisher erledigten Aufgaben besser bewältigen als ich?	
	Stimme ich zu . . . .
6. Durch Delegation verliere ich den Überblick und weiß nicht mehr, was in meinem Bereich geschieht	
	Stimme ich zu . . . .
7. Mit einem umfangreichen Arbeitspensum bin ich Vorbild und will es auch bleiben	
	Stimme ich zu . . . .
8. Ich traue meinen Mitarbeitern nicht das erforderliche Können zu	
	Stimme ich zu . . . .
9. Ich delegiere keine Aufgaben, die mir Spaß und Freude bereiten	
	Stimme ich zu . . . .
10. Mit Delegation schmälere ich mein Image, beschneide meine Position und stärke mögliche Rivalen	
	Stimme ich zu . . . .

Zu den von Ihnen angekreuzten Statements lesen Sie bitte die jeweiligen Anmerkungen durch.

Zu 1.: Sie erledigen Aufgaben nach langer Praxis und Routine grundsätzlich besser als Ihre Mitarbeiter. Und so bleibt es auch, wenn Sie es Ihren Mitarbeitern nicht ermöglichen, in zu delegierende Aufgaben hineinzuwachsen und praktische Erfahrungen zu sammeln. Sie verhindern dadurch nicht nur die Weiterentwicklung Ihrer Mitarbeiter, sondern auch Ihre eigene, denn Sie übernehmen weiterhin Aufgaben, die Sie längst nicht mehr selber machen müssen.

Zu 2.: Es ist sicherlich nicht die Regel, dass der Mitarbeiter über einen reichen Erfahrungsschatz verfügt. Natürlich werden sich Mitarbeiter zunächst überfordert fühlen, wenn sie „aus dem Stand heraus" mit neuen Aufgaben konfrontiert werden. Hier liegt es bei Ihnen, Ihren Mitarbeitern durch das Heranführen an schwierigere Aufgaben positive Erfahrungen zu vermitteln.

Zu 3.: Das Alles-selbermachen-wollen ist eine flächendeckend anzutreffende Vorgesetztenkrankheit. An keinen anderen Arbeitsplätzen bleiben so viele wichtige Arbeiten liegen wie an den Plätzen dieser „Selbermacher"! Diesem Vorbehalt pflichten Sie möglicherweise auf den ersten Blick bei. Auf den zweiten Blick erkennen Sie jedoch, dass sich bei dieser Prämisse nur kurzfristig Zeit einsparen lässt. Ein wesentlicher und langfristiger Zeitgewinn wird erst dann erzielt, wenn Sie mit dem Delegieren beginnen, das nur anfänglich einige Zeit in Anspruch nimmt.

Zu 4.: Ein Mitarbeiter, der sich über zu wenig Arbeit beklagt, dürfte die rühmliche Ausnahme sein. Häufiger werden Mitarbeiter den entgegengesetzten Weg ein-

schlagen und vorbeugend ein lautes Klagelied über die gerade noch zu bewältigende Arbeit anstimmen. Übervorsichtige Vorgesetzte legen dann schnell ihre Delegationsüberlegungen ad acta.
Sie lassen sich von dem Wehgeschrei nicht abschrecken, sondern gehen den Gegebenheiten auf den Grund: Zunächst beobachten Sie in aller Ruhe das Arbeitsverhalten Ihres Mitarbeiters. Vielleicht erkennen Sie unzweckmäßige Arbeitstechniken oder unrationelle Bearbeitungsweisen. Werden diese durch Ihre Hinweise oder ein adäquates Training ausgeräumt, tritt eine Zeitersparnis ein, die für Ihr Delegationsvorhaben genutzt werden kann.

Zu 5.: Der befürchtete Autoritätsverlust tritt nicht ein, wenn Sie Ihrem Mitarbeiter deutlich machen, keinerlei Probleme mit dieser Situation zu haben. Im Gegenteil: Vermitteln Sie Ihrem Mitarbeiter, dass Sie eine Aufgabe delegieren, gerade weil Sie damit eine mindestens gleich gute, wenn nicht sogar bessere Erledigung als bisher erwarten.

Zu 6.: Mancher Vorgesetzte glaubt, mit der Delegation seine Pflicht und Schuldigkeit getan zu haben. Sie handeln jedoch falsch, wenn Sie die Führungsaufgabe Kontrolle vernachlässigen. Delegation bedeutet kein blindes Vertrauen, sondern ein Vertrauen mit wachsamen Augen! Kommen Sie Ihrer Kontrollverpflichtung in ausreichendem Umfang nach, wird Ihnen kaum ein Mitarbeiter ein X für ein U vormachen können.
Bedenken Sie, dass ein Vorgesetzter erst recht die Übersicht verliert, wenn er die Delegation vernachlässigt und selbst zu viel arbeitet

Zu 7.: Zum Image mancher Führungskräfte scheint eine große Stundenbelastung durch die Berufstätigkeit zu zählen. Sie schütten sich mit Arbeit zu und können die eigene Zeit kaum managen. Wie wird wohl diese Führungskraft eine ganze Abteilung gut managen können? Mitarbeiter werden ihren arbeitswütigen Vorgesetzten eher mitleidig belächeln, als sich an ihm ein Beispiel nehmen.

Zu 8.: Verzichten Sie auf Delegation, so nutzen Sie nur unzureichend Wissen, Erfahrung und Können Ihrer Mitarbeiter für die Aufgabenerledigung. Damit verzichten Sie auf eine probate Möglichkeit, die Leistungsfähigkeit Ihrer Mitarbeiter überhaupt zu erkennen. Oft genug entdeckt eine Führungskraft erst nach einer langen Zusammenarbeit zufällig die in Mitarbeitern schlummernden und bisher ungenutzten Fähigkeiten.

Zu 9.: Auch wenn Sie mittels Delegation auf lieb gewonnene Aufgaben verzichten, stellt dies für Sie keine Bestrafung dar. Schließlich würden Sie auf Ihrem Zeitkonto einen Gewinn verzeichnen. Ihr Kopf wäre für neue und wichtige Dinge frei, die Ihnen wiederum Spaß und Freude bereiten können.

Zu 10.: Übertragen Sie delegierbare Aufgaben (Seite 30) und kommen Sie weiterhin Ihren nicht delegierbaren Aufgaben (Seite 30) nach, stärken Sie Ihre Position: Indem Sie sich von delegierbaren Aufgaben entlasten, gewinnen Sie Zeit und Energie, sich um die wirklich wichtigen Aufgaben intensiv zu kümmern. Sie geben also eher unbedeutende Macht ab, um die eigene Position zu stärken!

Die üblichen Vorbehalte jener Vorgesetzten, die von der Delegation herzlich wenig halten, fallen bei einer kritischen Würdigung in sich zusammen. Schließen Sie sich dieser Erkenntnis an, haben Sie den Kopf frei und können sich ohne unnützen, einengenden und belastenden Ballast vorurteilsfrei mit der Delegation und ihren Vorzügen beschäftigen.

Auswertung zu den Seiten 9/10:

0 bis 2 Ja-Antworten:
Gratulation, Sie sind bereits ein ausgezeichneter Delegierer. Dennoch sollten Sie weiterlesen, denn es gibt vermutlich auch für Sie noch unausgeschöpfte Möglichkeiten des Dazulernens und der Verbesserung.

3 bis 4 Ja-Antworten
Als durchschnittlicher Delegierer werden Sie sich nicht mit Durchschnittlichem begnügen wollen. Um ein ausgezeichneter Delegierer zu werden, entnehmen Sie diesem Ratgeber zusätzliche Denkanstöße und Handlungsempfehlungen.

Mehr als 4 Ja-Antworten
Bei Ihnen ist positives Denken angesagt. Ihnen eröffnen sich nach intensiver Lektüre der folgenden Seiten vielfältige Möglichkeiten, nach durchdachtem Vorgehen die Delegation für sich, für Ihre Mitarbeiter und für Ihr Unternehmen Erfolg versprechend zu praktizieren.

1.3 Mögliche Vorbehalte Ihrer Mitarbeiter

Die Delegation wird nicht nur von manchen Führungskräften mit Skepsis, Misstrauen oder Ablehnung betrachtet, sondern auch von vielen Mitarbeitern, und zwar aus folgenden Gründen:

a) Unbekanntes, Unvertrautes und Ungewisses kann zu Unsicherheit, Unbehagen oder gar Angst führen. Änderungen werden häufig intuitiv als Störung der etablierten Ordnung abgelehnt. Der sichere und vorausberechenbare Berufsalltag ist gefährdet.
b) Bisherige berufliche Anforderungen sind dem Mitarbeiter „ans Herz gewachsen" und „in Fleisch und Blut übergegangen", so dass gute Arbeitsergebnisse erzielt wurden. Das soll nun teilweise wegen einer neu hinzukommenden Aufgabe mit den erforderlichen Kompetenzen und zugehöriger Verantwortung aufgegeben werden.
c) Jede Veränderung bedeutet Lernprozesse: Erworbene Kenntnisse und Erfahrungen werden möglicherweise entwertet und müssen angepasst oder durch neue ersetzt werden. Lernen setzt den Einsatz von Energie voraus. Weshalb soll zusätzliche Energie eingesetzt werden, wenn es bis jetzt doch auch alles gut lief?
d) Angst vor der Zukunft kann entstehen, wenn die Absichten des Vorgesetzten nicht genau bekannt sind. So stellt sich vielleicht die Frage: „Schaffe ich diese zusätzliche Belastung auch noch oder ist dies ein erster Schritt, damit ich wegen Überforderung meinen Platz räumen muss?"

e) Der gegenwärtige Status im Betrieb oder die bisher erhaltene Anerkennung für geleistete Arbeit können sich wandeln, so dass das Selbstwertgefühl negativ berührt wird.
f) Bestehende soziale Beziehungen innerhalb des bisherigen beruflichen Umfelds können bedroht werden. Das Bedürfnis nach geordneten sozialen Beziehungen steht der erkennbaren Veränderung entgegen.

Sie erkennen, dass vorrangig Sicherheitsbedürfnisse eine ablehnende oder skeptische Haltung begründen. Jeder Mensch hat – auch wenn er es nicht ausspricht – Furcht vor dem Unbekannten. Viele Menschen fühlen sich bedroht und werden von Zukunftsängsten heimgesucht. Auch wir wollen nicht mit unnötigen Ängsten und Ungewissheiten leben, die uns quälen und das Leben vergällen. Da jede Veränderung Unsicherheit bewirkt, gehen wir zunächst auf Distanz. Versetzen Sie sich mit der erforderlichen Sensibilität einen Moment in die Lage Ihrer Mitarbeiter, können Sie sicherlich recht gut die beschriebenen Vorbehalte gegen Delegationsvorhaben nachvollziehen.

Ihr Verständnis für die Situation Ihrer Mitarbeiter darf nicht dazu führen, alles beim gegenwärtigen Zustand zu belassen. Gehen Sie den Empfehlungen dieses Ratgebers folgend behutsam und durchdacht bei der Delegation vor, wird es Ihnen gelingen, zunächst vorhandene Befürchtungen zu zerstreuen und die Mitarbeiter künftig für ein verstärktes Engagement in Form erfolgreich realisierter Delegation zu gewinnen.

2. Delegation – Inhalt und Umfang

2.1. Der Begriff „Delegation"

Der Begriff „Delegation" geht auf das lateinische „delegare" (= übertragen) zurück und stellt eine uralte Führungstechnik dar.
In früheren Zeiten beschränkte sich die Delegation lediglich auf die Übertragung von Aufgaben, das heißt es wurde die fehlerfreie Ausführung von Detailaufgaben gefordert. Die Entscheidungen oblagen jedoch der nächsthöheren Instanz, dem Vorgesetzten. Im Sinne zeitgemäßer Mitarbeiterführung kann diese Form der Delegation nicht zufriedenstellen.
Heute gehören zur **Delegation**

- **die Übertragung von Aufgaben** oder Tätigkeiten aus dem Funktionsbereich eines Vorgesetzten auf einen Mitarbeiter,
- die Zuweisung der für die Aufgabenerfüllung notwendigen sachlichen, finanziellen, personellen **Kompetenzen** (= Rechte / Befugnisse, alle zur Erfüllung der Aufgabe notwendigen Handlungen vorzunehmen und Entscheidungen selbstständig zu fällen) und
- die **Verantwortung** für die sachgerechte Durchführung der Aufgabe (Bereitschaft des Mitarbeiters, über Erfolg und Misserfolg Rechenschaft abzulegen).

Delegation

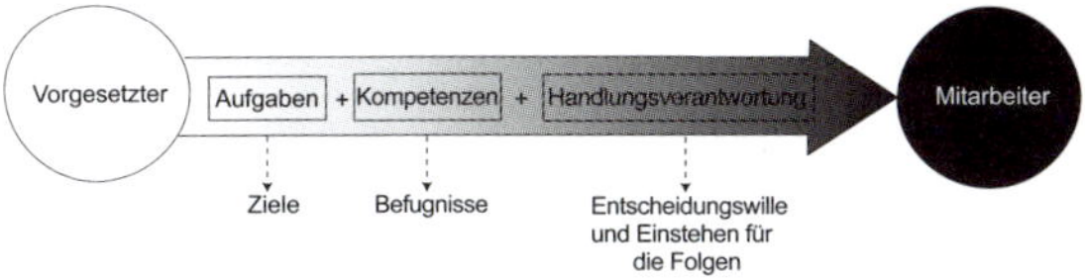

Ein Beispiel:
Meister Krüger leitet eine Reparaturabteilung.
Die Reparaturabteilung hat die **Aufgabe**, Reparaturen in der Produktion auf ein Minimum zu begrenzen und bei niedrigen Kosten durchzuführen, wobei ein möglichst reibungsloser Produktionsablauf zu gewährleisten ist.
Meister Krüger wurden zur Erledigung dieser Aufgabe **Kompetenzen** zugestanden:

- Krüger hat das Recht, Material und Ersatzteile vom Lager anzufordern.
- Krüger hat zu entscheiden, wann vorbeugende Instandsetzung vorzusehen ist, ob Maschinen und Anlagen zu reparieren sind, generalüberholt werden müssen oder durch neue zu ersetzen sind.
- Krüger kann seine Mitarbeiter seinen Vorstellungen entsprechend einsetzen.

Meister Krüger trägt für seine Entscheidungen die **Verantwortung**. Er wird hierfür auch zur Rechenschaft gezogen.
Wären in diesem Beispiel lediglich die Aufgaben an Meister Krüger delegiert worden, so müsste er bei jeder Entscheidung den Produktionsleiter ansprechen. Dieser hätte zu entscheiden und hierfür auch die Verantwortung zu übernehmen. Möglicherweise müsste der Produktionsleiter für viele Entscheidungen und Handlungsergebnisse „seinen Kopf hinhalten“, die er wegen mangelnder Zeit nicht genau prüfen, einordnen und bewerten kann und für die ihm ein ähnlich hohes Maß an Sachkompetenz wie bei Meister Krüger fehlt.

Sie übertragen dem Mitarbeiter durch das Delegieren eine Zuständigkeit für einen bestimmten Bereich oder ein Projekt. Innerhalb dieser Zuständigkeit kann und soll er selbstständig planen, entscheiden und handeln. Somit liegen Entscheidung, Durchführung und Verantwortung in einer Hand. Im Idealfall denkt und handelt der Mitarbeiter „unternehmerisch" nach dem Motto: Jeder Mitarbeiter ein Unternehmer im Unternehmen!

Ihre Mitarbeiter tragen die Verantwortung für ihre klar umrissenen und gegen andere Aufgabengebiete abgegrenzten Zuständigkeitsbereiche. Dennoch bleiben Sie Garant der Arbeitsausführung gegenüber der nächsthöheren Leitungsebene. Sie tragen letztlich die Verantwortung für eine termin- und kostengerechte, qualitativ und quantitativ den Anforderungen entsprechende Aufgabenausführung.
Genau genommen bedeutet Delegation von Verantwortung die Verteilung von Verantwortung auf Mitarbeiter und Vorgesetzte. Übertragen Sie Aufgaben mit entsprechenden Kompetenzen auf Ihre Mitarbeiter, dann bleibt Ihnen für diese übertragenen Aufgaben die Führungsverantwortung, während den Mitarbeitern die Handlungsverantwortung zukommt.

Verantwortung	
Führungsverantwortung des Vorgesetzten	Handlungsverantwortung des Mitarbeiters

Führungsverantwortung bedeutet: Sie stehen für Ihre Vorgesetztenpflichten ein. Sie dürfen nicht für alles zur Verantwortung gezogen werden, was in Ihrem Zuständigkeitsbereich geschieht. Für Fehler Ihrer Mitarbeiter werden Sie nur dann zur Rechenschaft gezogen, wenn Sie Ihrer nicht delegierbaren Führungsverantwortung nicht nachgekommen sind. Dazu gehört

- den Mitarbeiter mit der notwendigen Sorgfalt auszusuchen oder – falls Sie keinen Einfluss auf die Auswahl hatten – darauf hinzuweisen, dass die Stelle nicht richtig besetzt ist,
- den Mitarbeiter richtig einzuführen und ausreichend zu informieren,
- exakte Stichproben- und Erfolgskontrollen auszuüben,
- den Mitarbeiter in seinem Verhalten wie in seiner Leistung durch konstruktive Kritik zu korrigieren bzw. durch Anerkennung zu bestätigen,
- die gesetzten Grenzen gegenüber Ihrem Mitarbeiter zu beachten (Verbot des „Durchregierens“: Ebensowenig wie Sie daran denken, in die Arbeit eines Rechts-, Steuer- oder Unternehmensberaters einzugreifen, ebenso wenig dürfen Sie in den Bereich Ihres Mitarbeiters hineinregieren. Mit dem Verbot des Durchregierens wird der Mitarbeiter vor willkürlichen Eingriffen des Vorgesetzten in seinen Aufgabenbereich geschützt. Was delegiert wurde, gehört nicht mehr zu den Fachaufgaben des Vorgesetzten!).

Hat ein Vorgesetzter diese Regeln nicht beachtet, ist er für Fehler seiner Mitarbeiter verantwortlich zu machen. Diese werden dann von Ihrer Handlungsverantwortung frei.

Handlungsverantwortung bedeutet: Der Mitarbeiter trägt die Verantwortung für die ordnungsgemäße Erledigung der ihm übertragenen Aufgaben. er muss selbst für all das einstehen, was er nach bestem Wissen und Gewissen im delegierten Bereich tut (z.B. richtige/falsche Ent-

scheidungen) oder nicht tut (z.B. Fristversäumnis, Nichtwahrnehmung eines Termins). Er ist also stets für Erfolge oder Misserfolge in seinem Handlungsbereich verantwortlich zu machen. Das bedeutet im Extremfall auch, dass er seinen Stuhl räumt.
Demgegenüber ist der Vorgesetzte nur dann in Verantwortung zu nehmen, wenn er nicht seiner Führungsverantwortung dem Mitarbeiter gegenüber nachgekommen ist.

2.2 Delegierbare und nicht delegierbare Aufgaben

Von der Notwendigkeit einer verstärkten Delegation überzeugt, könnten Sie sich im Extremfall von dem Vorsatz leiten lassen, nun alles zu delegieren. Nach einiger Zeit würden Sie nicht mehr tagtäglich mit einem Wust von Papieren eingedeckt und Ihr Schreibtisch einem Schlachtfeld gleichen. Sie könnten es endlich schaffen, bis zur Holzplatte Ihres Schreibtischs vorzudringen.
Dies wäre allerdings ein untaugliches Vorhaben: Erfahrungsgemäß entziehen Mitarbeiter „Allesdelegierern“ bald ihre Loyalität. Deshalb werden Sie vor dem Delegieren Überlegungen anstellen, welche Aufgaben mit den zugehörigen Kompetenzen und Verantwortung Sie sinnvollerweise an Mitarbeiter übertragen können und welchen Aufgaben Sie sich selbst widmen müssen.
In der folgenden Übung geben Sie bitte eine Stellungnahme ab, in welchen Fällen eine Delegation möglich ist bzw. nicht in Betracht kommt:

	delegierbar	nicht delegierbar
1. Richtige Ausführung der übertragenen Aufgaben		
2. Versorgen der Mitarbeiter mit für den Arbeitsbereich wichtigen Informationen		
3. Kontrolle der Entscheidungen der Mitarbeiter		
4. Treffen von üblichen Entscheidungen im Arbeitsbereich des Mitarbeiters		
5. Einweisen neuer Mitarbeiter in den künftigen Tätigkeitsbereich		
6. Periodische Mitarbeiterbeurteilungen abgeben		
7. Bestimmen der Art der Arbeitsausführung		
8. Vermeiden von Überschneidungen in den Verantwortungsbereichen einzelner Mitarbeiter		
9. Ausführen von Routineaufgaben, Einzelheiten und unterstützenden Tätigkeiten		
10. Erledigen außergewöhnlicher Fälle		
11. Aufgaben, die von anderen besser, schneller und preiswerter ausgeführt werden können		
12. Endgültiges Festlegen von Plänen und Projekten		
13. Wichtige Aufgaben, die unter zeitlichem Druck ohne verzögernde Rückfragen oder Überprüfungen zu erledigen sind		

	delegierbar	nicht delegierbar
14. Aufgaben, für die nur Sie die sicherheitsmäßigen Voraussetzungen erfüllen sowie streng vertrauliche Angelegenheiten		
15. Untersuchen von Detailfragen für eine demnächst zu treffende Entscheidung		
16. Anwenden der Führungsmittel Anerkennung und Kritik		

Zu 1.: Richtige Ausführung der übertragenen Aufgaben = *delegierbar*

Das Ausführen übertragener Aufgaben ist zweifelsohne eine Mitarbeiteraufgabe. Dass die Tätigkeiten möglichst fehlerfrei zu erledigen sind, versteht sich von selbst. Reißt ein Vorgesetzter bei seiner Meinung nach unzweckmäßiger Ausführung die Arbeit seiner Mitarbeiter an sich, fühlen sich die Mitarbeiter zunehmend verunsichert und beginnen schließlich an ihrer eigenen Leistungsfähigkeit zu zweifeln.

Zu 2.: Versorgen der Mitarbeiter mit für den Arbeitsbereich wichtigen Informationen = *nicht delegierbar*

Vorgesetzte müssen ihre Mitarbeiter rechtzeitig und ausreichend mit wichtigen und verständlichen Informationen versorgen. Gut informierte Mitarbeiter sind eher in der Lage, das Entscheidungsrisiko zu vermindern und erfolgreich zu arbeiten.

Zu 3.: Kontrolle der Entscheidungen der Mitarbeiter = *nicht delegierbar*

Kontrolle ist eine nicht delegierbare Führungsaufgabe, auf die der Vorgesetzte nicht verzichten darf. Die Bedeutung der Kontrolle liegt oft darin, dass sie Fehlentscheidungen von vornherein verhindert. Vorrangig sollten Stichproben- und Ergebniskontrollen vorgenommen werden, bei denen der Aufwand mit dem zu erwartenden Ergebnis korrespondiert.

Zu 4.: Treffen von üblichen Entscheidungen im Arbeitsbereich des Mitarbeiters = *delegierbar*

Mit der Aufgabenzuweisung wird dem Mitarbeiter auch die Entscheidungskompetenz übertragen. Da er auch die Verantwortung für seine Handlungen trägt, hat er für Fehler bei der Aufgabenerfüllung selbst einzustehen.

Zu 5.: Einführen neuer Mitarbeiter in den künftigen Tätigkeitsbereich = *nicht delegierbar*

Die systematische Einführung neuer Mitarbeiter ist Aufgabe des Vorgesetzten. Er ist die Schlüsselperson für eine überlegte, sinnvolle und nicht den Eingebungen des Augenblicks folgende Einführung.

Bedient sich der Vorgesetzte auch eines loyalen Mitarbeiters als Betriebspaten, so ist er dennoch dafür verantwortlich, dass der neue Mitarbeiter sich in der fremden Umgebung schnell heimisch fühlt und bald seine volle Leistungsfähigkeit erreicht.

Zu 6.: Periodische Mitarbeiterbeurteilungen abgeben = *nicht delegierbar*

Es gilt die Regel, dass das Urteil über Menschen, für die

ein Vorgesetzter Verantwortung trägt, ausschließlich von diesem selbst abzugeben ist. Hier steht der Vorgesetzte in jedem Fall in der Pflicht! Allerdings kann er sich in Einzelfällen Beurteilungsbeiträgen Dritter bedienen, um zu einer abgerundeten Beurteilung zu gelangen.

Zu 7.: Bestimmen der Art der Arbeitsausführung = *delegierbar*

Lassen Sie Ihrem Mitarbeiter so weit wie möglich freie Hand bei der Arbeitsausführung. Wurde eine Aufgabe an den Mitarbeiter delegiert, beschränken Sie sich auf Ihre Kontrollfunktion. Ein ständiges Hineinregieren in den Zuständigkeitsbereich des Mitarbeiters muss unterbleiben, um diesen nicht zu verunsichern und sein Gefühl für Eigenverantwortlichkeit zu untergraben. Wer fühlt sich schon wohl, wenn ihm der Vorgesetzte ständig im Nacken sitzt und ihm alles „vorkaut"?

Der Mitarbeiter bestimmt selbst, wie die Aufgabenerledigung erfolgen soll. Dann fühlt er sich „seiner" Arbeit mehr verpflichtet. Er wird stärker daran interessiert sein, Arbeitsmittel, Arbeitsablauf und Arbeitsergebnisse zu verbessern.

In den Arbeitsablauf sollte der Vorgesetzte im Rahmen seiner Informations- und Kontrollverpflichtung nur eingreifen, wenn

- Sicherheitsvorschriften nicht beachtet werden,
- sich neue Möglichkeiten bieten, Arbeitskraft oder Finanzmittel wirtschaftlicher einzusetzen,
- nach erheblichen Fehlern der ordnungsgemäße Zustand wieder herzustellen ist,
- sich Ziele oder zu berücksichtigende Bestimmungen geändert haben.

Zu 8.: Vermeiden von Überschneidungen in den Verantwortungsbereichen einzelner Mitarbeiter = *nicht delegierbar*

Überschneidungen und Organisationslücken sind zu vermeiden, damit es nicht zu Kompetenzkonflikten kommt. Die Koordination obliegt dem Vorgesetzten, der damit zur Schaltzentrale wird, welche die richtigen Schwerpunkte setzt.

Zu 9.: Ausführen von Routineaufgaben, Einzelheiten und unterstützenden Tätigkeiten = *delegierbar*

Keine Frage: Normalfälle gehören immer in den Aufgabenbereich der Mitarbeiter.

Zu 10.: Erledigen außergewöhnlicher Fälle = *nicht delegierbar*

Über den normalen täglichen Arbeitsablauf hinausgehende außergewöhnliche Fälle werden vom Vorgesetzten erledigt. Beispiele:

- Ein großer Auftrag soll übernommen werden, obwohl die Kapazitäten voll ausgelastet sind.
- In der Schlosserei sind „auf einen Schlag“ vier der sechs Mitarbeiter ausgefallen, so dass der Meister mit dem verbliebenen Personal Aufträge nicht mehr termingerecht abarbeiten kann.

Zu 11.: Aufgaben, die von anderen besser, schneller oder preiswerter ausgeführt werden können = *delegierbar*

Auch wenn dem Vorgesetzten manche Aufgaben „ans Herz gewachsen sind“, wird er sie unter rationellen Erwägungen delegieren, wenn sie von Mitarbeitern ökonomischer ausgeführt werden können.

Zu 12.: Endgültiges Festlegen von Plänen und Projekten = *nicht delegierbar*

Diese Entscheidungen obliegen auch bei ausgesprochener Delegationsfreude dem Vorgesetzten, der allerdings vorbereitende Arbeiten delegieren wird.

Zu 13.: Wichtige Aufgaben, die unter zeitlichem Druck ohne verzögernde Rückfragen oder Überprüfungen zu erledigen sind =*nicht delegierbar*

Akute und zugleich wichtige Aufgaben erlauben keine zeitliche Verzögerung. Sofortiges Handeln durch den Vorgesetzten ist angezeigt. Sollten derartige Aufgaben aber häufiger auftreten und nicht mehr die Exklusivität „außergewöhnlicher Fälle" aufweisen, wären sie in die Delegation einzubeziehen.

Zu 14.: Aufgaben, für die nur Sie die sicherheitsmäßigen Voraussetzungen erfüllen sowie streng vertrauliche Angelegenheiten = *nicht delegierbar*

Selbstverständlich stehen berechtigte Sicherheitserwägungen und der Vertrauensschutz bei diskreten Dingen einer Delegation im Wege.

Zu 15.: Untersuchen von Detailfragen für eine demnächst zu treffende Entscheidung = *delegierbar*

Vorbereitende Untersuchungen wie hier die Informationsbeschaffung für ein bestimmtes Entscheidungsproblem können ohne Zaudern delegiert werden.

Zu 16.: Anwenden der Führungsmittel Anerkennung und Kritik = *nicht delegierbar*

Stellt der Vorgesetzte eine erfolgreiche Arbeit fest,

muss er das Führungsmittel Anerkennung einsetzen, werden Mängel und Mißerfolge offenbar, hat er konstruktive Kritik zu üben.
Anerkennung und Kritik als Ergebnisse der nicht delegierbaren Führungsaufgabe Kontrolle sind Führungsmittel in der Hand des Vorgesetzten.

***Delegierbar** sind:*
- *Routineaufgaben,*
- *Spezialistentätigkeiten,*
- *Detailfragen und*
- *vorbereitende Arbeiten für Entscheidungen (z.B. Informationsbeschaffung und -analyse).*

***Nicht delegierbar** sind:*
- *Führungsaufgaben (Ziele vereinbaren, Planen, Entscheiden, Realisieren (lassen), Kontrollieren),*
- *außergewöhnliche Fälle (= wichtige Aufgaben von großer Tragweite und/oder hohem Risikoanteil sowie akute, eilige Aufgaben),*
- *vertrauliche Angelegenheiten,*
- *sicherheitsrelevante Aspekte.*

2.3 Worauf Sie beim Delegieren unbedingt achten

Delegieren Sie dauerhaft und generell
Ein Vorgesetzter geht in einen längeren Sommerurlaub. Er fordert seine Mitarbeiter auf, möglichst alles selbstständig zu erledigen und Entscheidungsspielräume auszuschöpfen. Plötzlich wird umfang-

reich delegiert. Nach Rückkehr aus dem Urlaub heißt es dann wieder: *„Alles über meinen Tisch!“* Nun sprüht der Chef vor Energie, zieht jede Arbeit an sich, will über alles informiert werden und schaltet sich in sämtliche Vorgänge ein. Im Oktober sind seine Akkus leer, er ist wieder „urlaubsreif“. Jetzt wird erneut delegiert... Die Mitarbeiter kennen mittlerweile diesen Rhythmus, den sie kopfschüttelnd verfolgen. Es fällt die Äußerung: *„Die ständigen Extrempositionen verhindern ein kontinuierliches Arbeiten. Mal sind wir nur ausführende Organe, mal sollen wir alles allein machen und auch die Chefarbeiten übernehmen. Spaß macht das alles nicht!“*
Wie in diesem Beispiel dargestellt, sollte Delegation nicht praktiziert werden. Wenn Sie delegieren, dann sollten Sie dies dauerhaft und generell tun. Dabei übertragen Sie die Aufgabe zur ständigen selbstständigen Wahrnehmung an den Mitarbeiter. So vermeiden Sie, nur fallweise bzw. gelegentlich zu delegieren, wobei die Aufgabe in Ihrem Funktionsbereich bleibt. Delegieren Sie sporadisch, erlebt sich der Mitarbeiter als bloßer Ersatzmann und wird in seiner Selbstständigkeit und Initiative beeinträchtigt.

Delegieren Sie Aufgabenkomplexe

Delegieren Sie möglichst in sich geschlossene Aufgaben bzw. Aufgabenkomplexe und nicht isolierte Teilaufgaben. Übertragen Sie nur Teilvorgänge, gewinnt der Mitarbeiter keine Gesamtübersicht und arbeitet vielleicht nach anderen Prioritäten. Lücken und Überlappungen wären nicht auszuschließen, so dass Koordinierungsprobleme auftreten können.

Delegieren Sie nicht nur unangenehme Aufgaben

Gehören Sie etwa zu den Vorgesetzten, die nur unangenehme, mühsame, konfliktträchtige, undankbare oder lästige Aufgaben delegieren oder solche, an denen Sie bereits erfolglos herumprobiert haben? Wenn ja, dann sind Sie einer jener Chefs, über die sich die Mitarbeiter schwarz ärgern!

Delegieren ist nicht gleichbedeutend mit „Schutt abladen"! Auch wenn Sie nur routinemäßige und bedeutungslose Aufgaben delegieren, wird das Ihrem Mitarbeiter wenig sinnvoll erscheinen und seinen Missmut eher steigern. Behalten Sie die „Rosinen" für sich und laden Sie dem Mitarbeiter lediglich Ihren „Schrott" auf, vermerken dies Mitarbeiter übel und sperren sich gegen Ihre Delegationspläne. Ihre Delegationspolitik wäre dann gescheitert. Geben Sie aber einige liebgewonnene und interessante Aufgaben ab, danken Ihnen Ihre Mitarbeiter dies mit einem erkennbaren Motivationsschub.

Der delegationsfeindliche Vorgesetzte delegiert – kann er der Forderung nach Delegation nicht ausweichen – nur schwierige Aufgaben, mit denen er seine Mitarbeiter überfordert. So werden Mißerfolge provoziert, die „beweisen", dass der ursprüngliche Zustand beizubehalten ist.

Gestehen Sie dem Mitarbeiter die erforderliche Umstellungszeit zu

Werden Sie nicht gleich ungeduldig, wenn nicht jeder Mitarbeiter trotz frühzeitigen Einbeziehens das Delegieren auf Anhieb „verkraftet". Manchen Mitarbeitern fällt es nicht leicht, sich von heute auf morgen umzustellen. Wir sind alle „Gewohnheitstiere". Manche

Mitarbeiter benötigen Zeit, um sich mit neuen Aufgaben anzufreunden, eventuell bisherige Gewohnheiten aufzugeben oder sich auch nur in einer minimal veränderten Situation zurechtzufinden.

Delegation darf nicht als günstige Gelegenheit zur Entlastung von unangenehmen Tätigkeiten verstanden werden. Auch verfehlen Sie die positiven Wirkungen der Delegation auf den Mitarbeiter, wenn diesem stets nur Teilaufgaben übertragen werden. Ein Mitarbeiter wird sich für eine delegierte Aufgabe kaum verantwortlich fühlen, wenn ihm diese abwechselnd übertragen und dann wieder entzogen wird. Dass ein Mitarbeiter manche neue Funktion nicht von jetzt auf sofort in exzellenter Manier ausführen kann, leuchtet sicherlich ein. Hier billigen Sie dem Mitarbeiter eine individuell angemessene Umstellungszeit zu.

3. Pluspunkte für ein verstärktes Delegieren

Gravierende Pluspunkte sprechen für den verstärkten Einsatz der Führungstechnik Delegation:

3.1 Sie entlasten sich und stärken die Motivation Ihrer Mitarbeiter

Für viele Vorgesetzte ist der Zeitdruck der größte Stressor. Nicht selten landen diese Führungskräfte mit einem Herzinfarkt oder einer anderen Gesundheitsschädigung im Sanatorium und unterstreichen damit einen Spruch Eugen Roths:

> Ein Mensch sagt – und ist stolz darauf –
> er geht in seinen Pflichten auf.
> Bald aber, nicht mehr ganz so munter,
> geht er in seinen Pflichten unter.

Bei näherer Betrachtung würden diese Führungskräfte erkennen, dass sie einen großen Teil ihrer täglichen Arbeitszeit mit Tätigkeiten verbringen, die weit unter ihrer Qualifikationsstufe liegen. Ihr Bemühen, viele Dinge selbst erledigen zu wollen, lenkt ihre Energien in falsche Bahnen, so dass sie ineffizient arbeiten. Leider realisieren diese „Delegationsmuffel“ nicht, dass ihre zumeist selbstbewussten, gut ausgebildeten und ambitionierten Mitarbeiter viele Aufgaben genauso gut – teilweise sogar besser – erledigen könnten.
Zunächst sollte die Führungskraft Prioritäten setzen, um Wichtiges von Unwichtigem zu trennen. Jede Aufgabe ist durch zwei Dimensionen gekennzeichnet:
1. Wichtigkeit des Inhalts und
2. Dringlichkeit der Erledigung.
Hier ist stets ein Grundsatz zu beherzigen:

Wichtigkeit vor Dringlichkeit!

Für eine Schnellanalyse zum Festlegen von Prioritäten bietet sich die Eisenhower-Methode an.

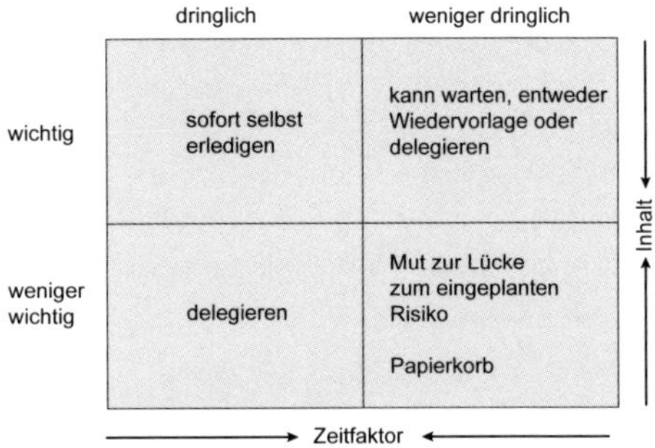

Nach dem Eisenhower`schen Entscheidungsraster dulden wichtige und gleichzeitig dringende Aufgaben keinen Aufschub und werden von Ihnen sofort und persönlich erledigt.

Wichtige, aber weniger eilige Aufgaben bearbeiten Sie später. Sie legen einen Bearbeitungstermin fest, den Sie mit Hilfe Ihres manuellen oder elektronischen Terminkalenders einhalten. Dringende, jedoch weniger wichtige Aufgaben sind stets delegierbar. Nebensächliche Aufgaben von geringer Wichtigkeit und geringer Dringlichkeit sind in der „Rundablage Papierkorb" bestens aufgehoben. Tatsächlich stellt der als „des Menschen bester Freund" bezeichnete Papierkorb eine Zwischenablage dar, deren Inhalt nach drei Monaten wegen fehlender Aktualität wertlos geworden ist und nunmehr endgültig zu entsorgen ist.

Mittels Delegation gewinnen Vorgesetzte aller Ebenen Zeit und Kraft für ihre eigentlichen Aufgaben und setzen Kapazitäten frei für die richtigen und wichtigen Dinge:

- *Betreuung des eigenen Bereichs und der zugeordneten Mitarbeiter gemäß der Empfehlung:* ***Mehr und besser führen – weniger selbst durchführen!***
- *Planung, Organisation, Rationalisierung sowie Verwirklichung neuer Ideen gemäß der Empfehlung:* ***Die richtigen Dinge tun – nicht nur die Dinge richtig tun!***

Einerseits verringern Sie mittels Delegation Ihr Arbeitsvolumen – andererseits stärken Sie bei richtiger Handhabung die Motivation Ihrer Mitarbeiter.
Übertragen Sie auf Ihre Mitarbeiter neue, interessante und herausfordernde Aufgaben mit erweiterten Kompetenzen und größerer Verantwortung, bewirken Sie damit in den allermeisten Fällen eine Steigerung von Initiative, Arbeitsfreude und Einsatzbereitschaft Ihrer Mitarbeiter und erhöhen so die Leistungsergebnisse.
Die positiven Auswirkungen des Delegierens lassen sich unmittelbar an den Reaktionen Ihrer Mitarbeiter ablesen:

- Sie fühlen sich aus der Reserve gelockt,
- ihr Ehrgeiz meldet sich,
- die neue Herausforderung setzt zusätzliche Energien frei und
- sie wollen sich und der Umwelt beweisen, was in ihnen steckt.

Die mittels Delegation verbundene Aufwertung spornt Mitarbeiter zum Mitdenken und Mithandeln an. Hierdurch übt das Unternehmen eine große Anziehungskraft auf qualifizierte Kräfte aus bzw. qualifizierte Kräfte wechseln nicht so leicht zu anderen Arbeitgebern. Aus Untersuchungen geht hervor, dass die Krankheitsrate bei Berufstätigen mit gleicher körperlicher Tätigkeit, die sich aber durch mehr oder weniger Verantwortung unterschieden, um das Dreifache auseinander lagen. Hiernach wird die Formel bestätigt:

Weniger Verantwortung = viel höhere Krankheitsraten. Das Delegieren können Sie als wichtigen Motivator einsetzen, weil dadurch psychologische Bedürfnisse wie Selbstentfaltung und Differenzierung Ihrer Mitarbeiter befriedigt werden. Tatsächlich bewerten die meisten Mitarbeiter das richtige Delegieren als Bedeutungsgewinn, Vertrauensbeweis und einen Schritt zu größerer Selbstständigkeit – was einen Motivationsschub zur Folge hat.

3.2 Sie nutzen das Know-how Ihrer Mitarbeiter und betreiben darüber hinaus Personalentwicklung

Das bei Ihren Mitarbeitern bereit stehende Wissens- und Fachkapital liegt oft brach und verkümmert, weil es in der betrieblichen Praxis nicht ausgeschöpft wird. Absolvierten Sie früher ein Berufsausbildungsverhältnis und erinnern Sie sich an die damals abzulegende Gesellen-, Gehilfen- oder Facharbeiterprüfung, kön-

nen Sie ein Lied davon singen, in welchem großen Ausmaß Sie sich Fachwissen mit immensem Lernaufwand „reinzogen" und sogleich nach der Prüfung ruhigen Gewissens vergessen konnten. Gleiches trifft auf Fachhochschul- und Hochschulabschlüsse sowie auf Fortbildungsprüfungen wie zum Beispiel Meister-, Techniker-, Betriebswirtprüfungen zu.
Als Vorgesetzter nutzen Sie durch verstärkte Delegation sowohl das sofort abrufbare als auch das teilweise schlummernde und durch entsprechende Herausforderung wieder zu aktivierende Know-how Ihrer Mitarbeiter. Auf das Fachwissen Ihrer gut motivierten Mitarbeiter sind Sie zwingend angewiesen, denn es ist ein ausschlaggebender Garant für das Fortbestehen eines Betriebes in einer schnellebigen und marktorientierten Zeit. Als erfolgsorientierter Vorgesetzter können Sie es sich auf Dauer nicht leisten, auf die Sachkompetenz und die Situationskenntnis Ihrer Mitarbeiter zu verzichten. Bei ehrlicher Betrachtung werden Sie zugeben müssen, kaum noch alle für die Aufgabenerledigung erforderlichen technologischen und ökonomischen Kenntnisse zu besitzen.
Trennen Sie sich also von dem falschen Ehrgeiz, alles genau wissen und können zu müssen.
Würden Sie sich auf das fachliche Know-how Ihrer Mitarbeiter nicht verlassen, sondern die Auffassung vertreten, dass Sie als Vorgesetzter alles besser wissen und können als Ihre Mitarbeiter, kämen diese bald zu dem vernichtenden Urteil:

Der Chef weiß zwar nicht alles,
dafür weiß er alles besser!

Wollten Sie beweisen, dass Sie „auf dem Laufenden sind", käme es für Sie zu einem unangemessen hohen Energieaufwand. Ihre Mitarbeiter würden in Ihrem Prestige verletzt, sich zum bloßen Handlanger degradiert fühlen, ihr Engagement für das Unternehmen reduzieren und bei der erstbesten Gelegenheit zu einem anderen Arbeitgeber wechseln, der sie als Fachleute akzeptiert und ihrer Qualifikation entsprechend einzusetzen versteht.

Mitarbeiter verfügen zumeist über mehr Fachkompetenz als bisher von Ihnen abgerufen wurde. Je mehr Fachaufgaben von Ihren qualifizierten Mitarbeitern übernommen werden, umso erfolgreicher können Sie sich Ihren Führungsaufgaben widmen. Erkennen Sie in Ihren Mitarbeitern begabte, intelligente und verantwortungsbewusste Spezialisten und lassen Sie dieses Potenzial brachliegen, weisen Sie auf eigene Unfähigkeit hin.

Sollen Mitarbeitern zur Wahrnehmung ihrer aktuellen und zukünftigen Aufgaben notwendige Qualifikationen vermittelt werden, steht häufig die Teilnahme an betriebsinternen oder -externen Fortbildungsveranstaltungen im Vordergrund. Da in Seminaren arbeitsplatzspezifische Aspekte nicht immer in die Tiefe gehend behandelt werden können und der Transfer des vermittelten Stoffes in den Arbeitsalltag bisweilen Probleme bereitet, soll folgend eine spezielle aber fast schon alltägliche Form der Personalentwicklung angesprochen werden: das „Coachen" von Mitarbeitern am Arbeitsplatz durch den Vorgesetzten.
Bereitet Sie Ihre Mitarbeiter auf immer qualifiziertere Tätigkeiten durch Delegation von neuen und heraus-

fordernden Aufgaben vor, leisten Sie individuelle Personalentwicklung. Mit ihr helfen Sie, die Selbstständigkeit, Initiative und Kompetenz von Mitarbeitern zu fördern und zu entwickeln nach dem Motto:

Fördern durch Fordern, denn
Der Mensch lernt in der Praxis und
Erfahrung ist der beste Lehrmeister.

Mit dieser persönlichen Weiterentwicklung wachsen Mitarbeiter zu „gereiften" Persönlichkeiten heran. Zwar wird mancher Mitarbeiter Ihre Vorgehensweise vielleicht kurzfristig als unbequem betrachten, längerfristig wird er Ihnen jedoch dankbar sein. Erörtern Sie mit Ihren Mitarbeitern in ungezwungenen Mitarbeitergesprächen deren berufliche Zukunftsvorstellungen, wird Ihre gezielte Förderung sicher akzeptiert. Zumeist wird der Mitarbeiter hierbei Ihr ihm entgegengebrachtes Vertrauen und Wohlwollen erkennen, was wiederum Quelle verstärkter Motivation ist. Nebeneffekt für Sie ist das schnellere Erkennen förderungswürdiger Mitarbeiter.

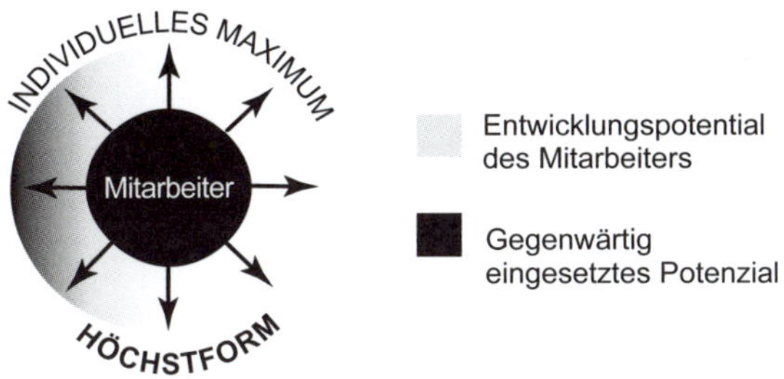

Mit dem Erreichen der Höchstform bringt der Mitarbeiter sein höchstmögliches Leistungsniveau für die betriebliche Aufgabenerledigung ein. Ihr Coaching kann schließlich dazu führen, dass Sie einen Mitarbeiter über Delegation so qualifiziert aufbauen, dass er Ihnen verloren geht. Doch diesen „Verlust“ können Sie verschmerzen. Denken Sie dran, dass der Mitarbeiter in der Zeit seiner Bewährung vermehrt gute Leistungen gebracht hat. Andere Mitarbeiter erkennen, dass sich Anstrengungen lohnen.

Die Qualität einer Führungskraft lässt sich auch am Entwicklungspotenzial ihrer Mitarbeiter ablesen. Nur schwache Vorgesetzte behindern das berufliche Fortkommen ihrer Mitarbeiter!

3.3 Sie erreichen Kontinuität und erleichtern Ihr berufliches Fortkommen

Für Speiserestaurants mag der Hinweis „Hier kocht der Chef selbst“ eine gute Werbung darstellen. In kleineren Unternehmen hingegen, in denen die Organisationsstruktur „Flachdach mit Antenne“ (= Nur der Chef entscheidet) praktiziert wird, kann diese Allround-Führung zum Ruin führen.
Durch Delegieren wird eine Risikominderung erreicht, wenn eine Schlüsselkraft – aus welchem Grund auch immer – gerade nicht zur Verfügung steht, um Entscheidungen zu fällen.
Indem die Verantwortung auf mehrere Schultern verlagert wurde, können auch solche Situationen problemlos bestanden werden. Bei richtig praktizierter Delegation werden Entscheidungen auf den Ebenen

getroffen und verantwortet, zu denen sie auch gehören. Damit verbunden ist eine Verbesserung der Reaktionsfähigkeit und Entscheidungsqualität Ihrer Mitarbeiter.

Delegation stellt eine unerlässliche Vorbeugungsmaßnahme gegen unvorhersehbare Ausfälle dar. Durch die Übertragung von Aufgaben und Zuständigkeiten auf mehrere Personen wird der plötzliche Ausfall einer Führungskraft weit eher verkraftet, als wenn nur eine Person über die wichtigen betriebsrelevanten Informationen verfügt.

Beachten Sie bitte einen weiteren Gesichtspunkt: Haben Sie als einziger alle Fäden in der Hand, sind Sie unentbehrlich. Sie werden daher länger als nötig im Betrieb sein, sogar nach Feierabend erreichbar sein und selbst noch im Urlaub mit Ihrem Betrieb Kontakt halten müssen.
Wird in diesem Fall Ihr direkter Vorgesetzter Ihrer Versetzung in eine andere Abteilung zwecks Beförderung zustimmen? Von Ihrem Vorgesetzten werden Sie kaum erwarten können, dass er sich für den Weggang eines unentbehrlichen Mitarbeiters stark macht und sich damit den Ast absägt, auf dem er selber sitzt.

Wenn Sie Karriere machen wollen, dann sollten Sie in Ihrem eigenen Interesse ein überdurchschnittlicher Delegierer sein! In der durch das Delegieren gewonnenen Zeit können sie positiv auf sich aufmerksam machen (z.B. besondere Projekte übernehmen, Visionen in die Tat umsetzen), um damit auch Ihr berufliches Fortkommen zu fördern.

4. Ihr behutsames, durchdachtes und schrittweises Vorgehen beim Delegieren

Sie sind fest entschlossen, in Ihrem Bereich verstärkt zu delegieren? Herzlichen Glückwunsch! Dann schieben Sie diesen guten Vorsatz nicht auf die lange Bank, sondern beginnen Sie sofort.

4.1 Ermitteln Sie den Ist-Zustand

Stellen Sie über einen Zeitraum von mindestens 2 Wochen Ihre derzeitigen Tätigkeiten in Tageslisten zusammen, die alle zu berücksichtigenden Aspekte wie Tätigkeit, Dauer, Schwierigkeitsgrad, Wichtigkeit und Häufigkeit erfassen.
Der Arbeitstag eines Werbeleiters könnte verschiedenartige Tätigkeiten umfassen:

Zeit-/Tätigkeitsanalyse 4.Oktober

Tätigkeit	Dauer in Min	Schwierigkeitsgrad	Wichtigkeit	wiederkehrend
Besprechung Werbestrategie	45	normal	sehr wichtig	selten
Posteingang	10	gering	wichtig	ja
Fakten für Aufsatz in Fachzeitschrift zusammentragen	90	mittel	marginal	klein
Beurteilungsgespräch mit Krause	25	normal	wichtig	selten
Rücksprache mit Druckerei einschl. Fahrzeit	95	normal	wichtig	ja

4. Ihr behutsames, durchdachtes und schrittweises Vorgehen beim Delegieren

Tätigkeit	Dauer in Min	Schwierigkeitsgrad	Wichtigkeit	wiederkehrend
Gespräch mit reklamierendem Großkunden	35	hoch	sehr wichtig	nein
Schreiben von Mitarbeitern an Kunden unterschreiben einschl. Rückfragen bei Mitarbeitern	40	mittel	unterschiedlich	ja
Budgetbesprechung mit Geschäftsleitung	60	hoch	sehr wichtig	selten

Aus den aufgelisteten Tätigkeiten unseres Beispiels streichen Sie alle Führungsaufgaben, die nur Sie wahrzunehmen haben:

- Beurteilungsgespräch mit Krause

Darüberhinaus sondern Sie jene Aufgaben aus, die als außergewöhnliche Fälle (= wichtige Aufgaben von großer Tragweite und/oder hohem Risikoanteil sowie akute, eilige Aufgaben) und vertrauliche Angelegenheiten einzustufen sind:

- Besprechung Werbestrategie
- Gespräch mit reklamierendem Großkunden
- Budgetbesprechung mit Geschäftsleitung

Übrig bleiben die delegierbaren Aufgaben, die Sie für eine Übertragung an Mitarbeiter „freigeben“ können:

Posteingang	= Routineaufgabe
Informationen für Aufsatz in Fachzeitschrift	= vorbereitende Arbeit
Rücksprache mit Druckerei	= Spezialistentätigkeit
Schreiben von Mitarbeitern an Kunden unterschreiben einschl. Rückfragen bei Mitarbeitern	= Routineaufgabe

Wie bei jeder organisatorischen Veränderung ermitteln Sie zunächst den Ist-Zustand. Legen Sie danach fest, welche Aufgaben delegierbar sind. Wiederholen Sie dies einmal jährlich, da in dieser Zeitspanne oft Aufgaben hinzukommen oder die Mitarbeiter sich weiter entwickelt haben.

4.2 Planen Sie die Delegation genau

Bevor Sie aus einer Augenblicksentscheidung heraus „mit heißer Nadel" delegieren und später ein fehlerhaftes Vorgehen erkennen müssen, empfehlen wir Ihnen das Aufstellen einer Checkliste für jede Aufgabe, die auf Dauer delegiert werden soll:

Genaue Beschreibung der zu delegierenden Aufgabe

. . . .

. . . .

Mein angestrebtes Ziel

. . . .

. . . .

4. Ihr behutsames, durchdachtes und schrittweises Vorgehen beim Delegieren

Welche Kompetenzen sind zu übertragen?

....

....

Wofür soll der Mitarbeiter Verantwortung tragen?

....

....

Welche Arbeitsbereiche anderer Mitarbeiter werden berührt?

....

....

Welche fachlichen / persönlichen Anforderungen müssen erfüllt sein?

....

....

An wen delegieren?

....

Von welchen anderen Aufgaben ist er zu entlasten?

....

....

Tarifrechtliche Auswirkungen beachten?

....

....

Welches Know-how ist zu erhöhen?

....

....

Auf welchen Wegen?

....

....

Delegationsgespräch vorbereiten und durchführen

....

Welche organisatorischen Änderungen sind vorzunehmen

....

....

1. Stichprobenkontrolle

....

2. Stichprobenkontrolle

....

Nachbesprechung

....

4.3 Wählen Sie den richtigen Mitarbeiter aus

Analysieren Sie, welchem direkt unterstellten Mitarbeiter Sie Aufgaben mit Kompetenzen und Verantwortung übertragen wollen, im Hinblick auf

a) sachlich – organisatorische Gegebenheiten
Passt die zu delegierende Aufgabe von der Sache her in ein bereits bestehendes Aufgabengebiet hinein, sollten Sie dies bei Ihren Überlegungen berücksichtigen.

b) mögliche tarifrechtliche Auswirkungen

Lassen Sie Vorsicht walten, wenn durch Übertragung höherwertiger Tätigkeiten tarifvertraglich zusätzliche materielle Leistungen zu erbringen sind, Ihnen hierfür jedoch der Gestaltungsspielraum fehlt.

c) gerechte Auslastung der Mitarbeiter

Manche Mitarbeiter nehmen widerspruchslos jede zusätzliche Arbeit an, wenn ihr Vorgesetzter sie darum bittet. Andere Mitarbeiter wehren sich vehement gegen jede Aufgabenerweiterung. Damit die Aussage „Die arbeiten, sind immer die gleichen, die in der Sonne liegen auch" in Ihrem Bereich keine Bestätigung findet, achten Sie auf eine gerechte Aufgabenverteilung.
Sind nicht alle Mitarbeiter in gleichem Umfang ausgelastet, werden Sie zunächst die weniger belasteten Mitarbeiter ins Auge fassen. Ist eine arbeitsmäßige Überforderung des vorgesehenen Mitarbeiters zu befürchten, überlegen Sie, wie dieser Mitarbeiter vor dem Delegieren zu entlasten ist. Von welchen bisherigen Aufgaben muss der Mitarbeiter befreit werden? Wer ist geeignet, an seiner Stelle diese Aufgaben zu übernehmen?

d) das Maß an Verantwortung

Sprechen Sie rechtzeitig mit dem Mitarbeiter, ob dieser die Übertragung der Verantwortung auch akzeptiert, seine neue Rolle versteht und sich der Tragweite seines künftigen Engagements bewusst ist. Wenn Mitarbeiter bisher keine Gelegenheit hatten, Verantwortungsfreude zu entwickeln, stehen sie der Verantwortungsübernahme teils hilflos, teils ängstlich gegenüber. Statt nun die Delegation durchzusetzen, bemühen Sie sich doch zunächst, den Gründen für eine ablehnende Haltung auf die Spur zu kommen. Anschließend stärken Sie ohne Hektik das Selbstbewusstsein des Mitarbeiters und streben einen Konsens für die vorgesehene Delegation an.

e) die fachliche Kompetenz

Kann der Mitarbeiter mit seiner fachlichen Kompetenz, seinen Spezialkenntnissen und seinen Neigungen die Aufgabe ohne oder mit Vorbereitung übernehmen? Da Ihnen die Stärken und Schwächen Ihrer Mitarbeiter bekannt sind, vermeiden Sie mit der Beantwortung dieser Frage eine Fehlentscheidung.

f) den Reifegrad

Je mehr ein Mitarbeiter den Willen und die Fähigkeit hat, sich hohe aber erreichbare Ziele zu setzen, selbstständig Probleme zu lösen und Verantwortung zu übernehmen, desto „reifer" ist er und desto weniger muss er von Ihnen angeleitet werden. Ihren Führungsstil richten Sie am erkennbaren Reifegrad des Mitarbeiters aus, etwa so wie der Unterrichtsstil eines Pädagogen den Reifegrad des Schülers berücksichtigt.

Bei einem niedrigen Reifegrad (es fehlt an Qualifikation und Motivation) geben Sie vorrangig Anweisungen (siehe Seite 69) mit denen Sie dem Mitarbeiter deutlich sagen, was, wann, wo und wie getan werden muss.

Schätzen Sie den Reifegrad gering bis mittel ein (Motivation ist vorhanden, es mangelt jedoch an Knowhow), ist ihm das Fehlende zu vermitteln. Durch Schulung / Training lernt der Mitarbeiter, die Aufgabe in sachlich einwandfreier Form zu erledigen. Indem Sie

diesen Mitarbeiter mehr und mehr über Beratung an Entscheidungen beteiligen, steigern Sie zunehmend seinen Reifegrad.
Ein hohes Reifeniveau erkennen Sie, wenn der Mitarbeiter über alle Fähigkeiten verfügt, um eigene Ziele zu setzen, seine Aufgaben zu lösen und die Verantwortung für sein Verhalten zu übernehmen. Mit dem vorhandenen hohen Maß an Motivation verfügt dieser Mitarbeiter die besten Voraussetzungen für eine erfolgreiche Delegation.

Idealerweise sollte der für eine Delegation vorgesehene Mitarbeiter Wissen, Können, Motivation und Zeit haben, um die zu delegierende Aufgabe zu Ihrer vollen Zufriedenheit zu erledigen. Wenn es hieran mangelt, müssen Sie zunächst für den Ausgleich von Defiziten sorgen.

4.4 Ebnen Sie den Weg für den angestrebten Erfolg

Die beabsichtigte Delegation darf sich für Sie keinesfalls als Image schädigender Flop erweisen. Mit der Beachtung der folgenden Aspekte stellen Sie die Weichen auf Erfolg:

a) Informieren Sie Ihren Mitarbeiter frühzeitig
Mit der Delegation gehen Veränderungen einher. Veränderungen sollen etwas Besseres bewirken, beinhalten also einen Fortschritt – einen Schritt fort vom Altbekannten. Aus der Praxis wissen wir, dass häufig bei einseitig vom Vorgesetzten herbeigeführten Veränderungen nach dem Motto „Friss oder stirb“ Reibungsverluste sowie

erhebliche Widerstände bei den zu Befehlsempfängern degradierten Mitarbeitern zu Tage treten.
Um Widerstände gegen Ihr Delegationsvorhaben gar nicht erst aufkommen zu lassen, bereiten Sie den Mitarbeiter durch eine frühzeitige und vollständige Information auf das Beabsichtigte vor. So bricht eine Umstellung nicht plötzlich und unerwartet „über Nacht" über den Betroffenen herein. Der Mitarbeiter hat Zeit, sich in Ruhe mit dem Für und Wider zu beschäftigen und Fragen, Anregungen und Einwände zu formulieren. Damit nehmen Sie den Mitarbeiter mit ins Boot und müssen kein „Machtwort" aussprechen.
Erklären Sie dem Mitarbeiter, warum Sie gerade ihm die neue Aufgabe übertragen wollen. Lassen Sie Ihr aufrichtiges Vertrauen in die Fähigkeiten des Mitarbeiters einfließen, die neue Herausforderung mit Glanz und Glorie zu bestehen. Statt Skepsis signalisieren Sie Ihre Zuversicht auf ein gutes Gelingen, die idealerweise auf Ihren Mitarbeiter überspringen sollte. Welcher Mitarbeiter kann sich schon der positiven Wirkung folgender Vorgesetztenworte entziehen:
„Sie haben in letzter Zeit immer wieder sehr erfreuliche Fähigkeiten in der Behandlung von Mitmenschen erkennen lassen, so dass ich Ihnen eine sensible Behandlung von Kundenreklamationen zutraue. Ich muss Ihnen ja nicht sagen, wie wichtig es gerade gegenwärtig ist, Beschwerdeführer so zu behandeln, dass sie unserem Unternehmen die Treue halten.. Da sind Ihr Fingerspitzengefühl und Ihr Sachverstand gefragt..."
Es genügt nicht, allein den technischen Ablauf einer Arbeit zu erläutern. Machen Sie dem Mitarbeiter auch verständlich, weshalb die delegierte Aufgabe wichtig ist. Weiß der Mitarbeiter, weshalb und wie seine Arbeits-

leistung zum Gesamtergebnis beiträgt, wird er sich weniger als unwichtiges „Rädchen“ empfinden.
Wollen Sie sich für das Delegationsgespräch einen Fahrplan zurecht legen, könnte dieser einige der nachstehenden Fragen enthalten:

- Wurde der Mitarbeiter frühzeitig in das Delegationsvorhaben einbezogen und hatte er ausreichend Gelegenheit, eigene Vorstellungen einzubringen?
- Ist dem Mitarbeiter die Bedeutung der vorgesehenen Delegation für den Betrieb/die Abteilung bekannt?
- Wie sollte ich dem Mitarbeiter meine Wertschätzung seiner Person/seines Potenzials übermitteln?
- Welche Ziele sollte ich mit dem Mitarbeiter vereibaren?

WAS soll getan werden?
- Was ist überhaupt alles zu tun?
- Welche Teilaufgaben sind im einzelnen zu erledigen?
- Welches Ergebnis wird angestrebt?
- Welche Abweichungen können akzeptiert werden?

WARUM soll es getan werden?
- Welchem Zweck dient die Aufgabe?
- Was passiert, wenn die Arbeit nicht oder unvollständig ausgeführt wird?

WANN soll die Aufgabe abgeschlossen sein?
- Wann muss mit der Arbeit begonnen werden?
- Wann muss die Arbeit abgeschlossen sein?
- Welche Zwischentermine sind einzuhalten?
- Wann bin ich über Fortschritte zu informieren?

- Auf welchen Wegen will der Mitarbeiter die vereinbarten Ziele erreichen?

- Wie kann eine eindeutige Abgrenzung der delegierten Aufgabe zu den mir obliegenden Aufgaben (z.B. was sind außergewöhnliche Fälle?) erfolgen?
- Sieht der Mitarbeiter bei sich fachliche Defizite, die zunächst auszugleichen sind?
- Erscheinen dem Mitarbeiter die vorgesehenen Kompetenzen ausreichend?
- Benötigt der Mitarbeiter besondere Unterstützung durch mich oder Dritte?
- Benötigt der Mitarbeiter weitere Ressourcen (z.B. zusätzliches Personal, vergrößertes Budget)?
- Besitzt der Mitarbeiter genügend Informationen?
- Mit welchen Schwierigkeiten und Risikofaktoren ist zu rechnen? Was kann ich vorbeugend hiergegen tun?
- Kann der Mitarbeiter mit der vorgesehenen Delegation leben? Was für ein Gefühl hat er hierbei?

b) Sorgen Sie dafür, dass der Mitarbeiter das erforderliche Know-how erwirbt

Erkennen Sie fachliche Defizite beim Mitarbeiter, beschäftigen Sie sich mit den Fragen:

- Welche zusätzlichen Fertigkeiten und Kenntnisse benötigt der Mitarbeiter?
- Bis wann müssen die Defizite ausgeglichen sein?
- Wer soll die Unterweisung durchführen?
- Betriebsinterne/betriebsexterne Schulung/Training, E-Learning?

c) Versorgen Sie den Mitarbeiter mit Informationen

Geben und verschaffen Sie dem Mitarbeiter Zugang zu allen notwendigen Informationen, damit er schnell und ohne Risiko entscheiden kann. Sie wissen: Der informierte Mitarbeiter kann für jedes Problem eine Lösung finden, der uninformierte Mitarbeiter hat für jede Lösung ein Problem! Mit untauglichen Informationen kann selbst der beste Mitarbeiter keine erstklassige Arbeit produzieren.

d) Erteilen Sie Unterschriftsbefugnis

Vergessen Sie nicht, mit der Entscheidungsbefugnis dem Mitarbeiter auch die Zeichnungsbefugnis zu übertragen. Beachten Sie hierbei hausinterne Regelungen bzw. veranlassen Sie deren Änderung. Motivation und Verantwortungsbereitschaft steigen, wenn der Mitarbeiter mit seiner Unterschriftsleistung seine persönliche Haftung gegenüber seinem Arbeitgeber besiegelt und auch nach außen seine Urheberschaft verdeutlichen kann.

e) Überfordern Sie Ihre Mitarbeiter nicht

Viele Delegationen innerhalb einer kürzeren Zeitspanne bewirken regelmäßig „organisatorische Verdauungsstörungen“. Oft kommt es zu fast permanenten Änderungen, wenn eine Arbeitsgruppe einen neuen Vorgesetzten erhält. Ist das Tempo dann folgender Delegationsfälle zu groß, verweigern die Mitarbeiter bald die Gefolgschaft.

Besser ist ein dosiertes und schrittweises Vorgehen, bei dem Sie mit der Delegation kleinerer und weniger wichtiger Aufgaben beginnen und diese in der Folgezeit mit der wachsenden Erfahrung und dem vergrößerten Selbstvertrauen auf anspruchs- und verantwortungsvollere Aufgaben ausweiten. So wie Sie einen neuen Motor vorsichtig „einfahren“ und damit ärgerliche Pannen vermeiden, ermöglichen Sie dem Mitarbeiter ein allmähliches Warmlaufen bis er seine Höchstform (siehe Seite 41) erreicht.

Oft sind nur fünf Minuten entscheidend, ob Sie Ihr anvisiertes Ziel erreichen oder nicht. Dies gilt auch für Ihr Delegationsgespräch. Äußern Sie spontan: „Für diese Aufgabe habe ich nicht mehr die Zeit. Ich muss mich um wichtigere Dinge kümmern!", wirkt dies demotivierend und leistungshemmend.

Delegation darf keinesfalls mit dem Stempel geringwertiger, weniger bedeutsamer Arbeit versehen werden. Überdenken Sie besser nach dem Motto „Wie sage ich es meinem Mitarbeiter?" in fünf Minuten Ihr Vorgehen. Gelingt es Ihnen anschließend, Ihrem Mitarbeiter mit einer gewissen Begeisterung die vorgesehene neue Aufgabe darzustellen, hat sich Ihre kurze Vorbereitungsphase bestens ausgezahlt.

Um in diesem Gespräch zu verdeutlichen, dass Ihr Anliegen geplant und überlegt ist, werden Sie gemeinsam die Frage des Know-how-Erwerbs für die neue Tätigkeit erörtern, den Mitarbeiter mit wichtigen Informationen versorgen und ihm – falls erforderlich – die Unterschriftsbefugnis erteilen.

5. Ihr „Follow-up“ darf nicht fehlen

Die Bedeutung der vollzogenen Delegation unterstreichen Sie durch Ihr Follow-up. Würden Sie die Hände in den Schoß legen und sich um den Vorgang nicht mehr kümmern, könnte beim Mitarbeiter der Eindruck entstehen, seine neue Aufgabe und damit auch er selbst seien für das betriebliche Geschehen unwichtig.

5.1 Sie üben die Führungsaufgabe Kontrolle aus

Ihre Kontrollpflichten einschließlich der Führungsmittel Anerkennung und Kritik gehören zu Ihren nicht delegierbaren Führungsaufgaben (siehe Seite 26).
Ergebniskontrollen zeigen den Beteiligten, in welchem Ausmaß Arbeitsziele oder Teilziele erreicht wurden. Da bei dieser Kontrollart durch den Ist-Soll-Vergleich lediglich das Arbeitsergebnis analysiert wird, bleibt der Weg dorthin außer Betracht. Diese Kontrolle ist vergangenheitsbezogen und wird von Kritikern als „Leichenschau" bezeichnet. Ist der Misserfolg registriert, folgt oft nur noch Resignation oder die Begrenzung des eingetretenen Schadens.
Um dieses Manko auszugleichen, sehen Sie zusätzlich gegenwartsbezogene Stichprobenkontrollen an besonders fehlerbehafteten Punkten („strategische Kontrollpunkte", an denen erfahrungsgemäß Probleme/Störungen/Fehler besonders häufig auftreten oder an denen Fehler zu weiteren Fehlern oder Abweichungen führen können) vor, deren Wert als „Frühwarnsystem" unbestritten ist.
Dass Sie bei der Führungsaufgabe Kontrolle nicht jeden Delegationsfall über einen Kamm scheren, ver-

steht sich von selbst. Es ist schon ein gravierender Unterschied, ob ein Mitarbeiter für die zu delegierende Aufgabe keine Erfahrung besitzt, über Grundkenntnisse verfügt, einigermaßen erfahren ist oder den Status eines Experten besitzt. Entscheidend ist der „Reifegrad" des Mitarbeiters (siehe Seite 51). Mitarbeitern mit hohem Reifegrad können Sie Ihr Vertrauen und Ihre Zuversicht am besten dadurch demonstrieren, dass Kontrollen reduziert werden und der Mitarbeiter „unter eigener Regie" arbeiten kann. Die von Mitarbeitern mit niedrigem Reifegrad zu erledigenden Arbeiten müssen hingegen ständig kontrolliert werden. Aber auch hier vermeiden Sie Druck auszuüben, weil Sie durch Druck regelmäßig Gegendruck provozieren. Stets bemühen Sie sich, die Balance zwischen häufigem Kontrollieren und zu seltener Kontrolle zu halten. Zu häufige Kontrollen entmündigen den Mitarbeiter und erziehen ihn zur Unselbstständigkeit. Wollen Sie alles kontrollieren, können Sie auch gleich alles selber machen und brauchen sich mit der Delegation nicht zu beschäftigen! Zu seltene Kontrollen vergrößern allerdings das Fehlerrisiko.

Wesentlicher Zweck Ihrer Kontrollen muss die Ergebnisverbesserung sein. Deshalb müssen Sie Ihre gewonnenen Erkenntnisse auch den Mitarbeitern eröffnen. Wurde das Soll durch Fehler oder falsche bzw. unerwünschte Verhaltensweisen des Mitarbeiters nicht erreicht, sind Sie zu einer sachlichen, begründeten und konstruktiven Kritik verpflichtet. Stellen Sie aber ein erwünschtes Ergebnis fest, hat Ihr Mitarbeiter Anerkennung verdient. Mit einer aufrichtigen Anerkennung können Sie im Mitarbeiter schlummernde

Kräfte wecken, weil anerkennende Äußerungen als Lebenslust spendende Vitamine anzusehen sind.
Begehen Sie nicht aus lauter Ungeduld den Fehler, eine vollzogene Delegation beim Erkennen eines ersten Fehlers wegen einer vermeintlichen „Unfähigkeit" des Mitarbeiters wieder rückgängig zu machen. Für manche Vorgesetzte ist es leider charakteristisch, dass sie nur halbherzig delegieren und dann bei der ersten Gelegenheit umkehren wollen.

Wegen des erhöhten Risikos während der Anlaufphase ist es wichtig, Ihrer Kontrollfunktion unter den Vorzeichen „aktive Hilfestellung" und „verständnisvolle Begleitung" nachzukommen. Im Regelfall sollten den Betriebsablauf nicht störende Stichprobenkontrollen ausreichen. Bei positiven Erkenntnissen sprechen Sie Ihrem Mitarbeiter verdiente Anerkennung aus, bei ungünstigen Feststellungen üben Sie Kritik in konstruktiver und aufbauender Form.

5.2 Sie lassen keine Rückdelegation zu

Manche Mitarbeiter sind sehr kreativ, wenn es darum geht, übertragene Aufgaben an die Führungskraft zurückzugeben:

Beispiel 1
Der Reklamationsbearbeiter kommt zu seinem Chef: *„Herr Paul, Sie spielen doch mittwochs mit unserem besten Kunden, Herrn Ludwig, Golf. Ob Sie Ihren guten Draht und Ihr Verhandlungsgeschick einsetzen kön-*

nen, damit Herr Ludwig die ungerechtfertigte Reklamation ..... zurücknimmt?
Der Chef reagiert: „Na, dann geben Sie mal her.“

Beispiel 2
Es sollen fünf leistungsschwache Mitarbeiter versetzt werden. Meister Krug wird vom Betriebsleiter beauftragt, ihm die für eine Versetzung in Betracht kommenden fünf Mitarbeiter zu nennen. Meister Krug scheut die Verantwortung und bereitet eine Liste mit zehn Namen vor:
„Ich habe eine Liste mit zehn Namen aufgestellt. Vom Leistungsniveau her befinden sich alle in etwa auf dem gleichen Level. Einer ist mir so lieb wie der andere. Da sollten Sie als Neutraler eine Entscheidung treffen“.
Der Chef reagiert: *„Na, dann geben Sie mal her.“*

Beispiel 3
Ein Mitarbeiter sucht mit verzweifelter Miene seinen Vorgesetzten auf, dem einzigen Juristen im Betrieb:
„Ich brüte schon seit Tagen über dem Problem...Ohne entsprechenden juristischen Background fühle ich mich total überfordert.
Der Chef reagiert: *„Na, dann geben Sie mal her.“*

In den drei Beispielen ist es den Mitarbeitern gelungen, ihre Probleme zu denen ihrer Vorgesetzten zu machen! Damit haben sie das Delegationsprinzip durch eine unzulässige Rückdelegation übertragener Verantwortung an den Vorgesetzten durchbrochen. Macht das in den Beispielen dargestellte Vorgehen Schule, werden dem Vorgesetzten alle unangenehmen oder schwierigen Arbeiten zugeschoben.

Manche Mitarbeiter, die es bisher gewohnt waren, nur Weisungen auszuführen, versuchen, unangenehme Entscheidungen aus Gründen der Risikominderung oder Rückversicherung dem Vorgesetzten zuzuschieben, indem sie nichts ohne vorherige Rücksprache und Zustimmung des Vorgesetzten unternehmen. Andere sind so „clever", Unsicherheit zu signalisieren, um so das Eingreifen ihres Vorgesetzten zu provozieren.

Es lässt sich nicht ausschließen, dass sich Vorgesetzte zunächst geschmeichelt fühlen, wenn sie von einem Mitarbeiter aufgesucht und mit vielen Worten des Bedauerns über die Störung um Zustimmung zu irgendeiner belanglosen Regelung gebeten werden. Manchem Vorgesetzten fällt es schwer „Nein" zu sagen, wenn um Rat und Hilfe angegangen wird. Auch mag eine verständliche Beunruhigung beim Vorgesetzten auftreten, wenn es bei der Delegation zu ersten Schwierigkeiten kommt, so dass eine Rückdelegation akzeptiert wird, damit nichts „anbrennt".

Gewiss: Für den Mitarbeiter ist es einfach, den Vorgesetzten zu fragen, wie entschieden werden soll. Und für den Vorgesetzten, der das Entscheiden normalerweise gewöhnt ist, bedeutet eine Antwort keine Schwierigkeit. Dennoch wird der Vorgesetzte jeder Regung widerstehen, die Rückdelegation zuzulassen.

Wohlmeinende Ratschläge wie
- „Bevor etwas falsch läuft, klären Sie das erst mit mir",
- „Wenn Sie eine Entscheidung benötigen, steht meine Tür für Sie immer offen",

signalisieren die Bereitschaft des Vorgesetzten, Rückdelegation anzunehmen.

Dem Delegationsprinzip eher angemessen sind Vorgesetztenreaktionen wie:
- Was schlagen **Sie** vor ?
- Was kann ich mit Ihnen gemeinsam tun, damit **Sie** die Aufgabe erfüllen und eine Entscheidung treffen können?
- Welche Alternativen haben **Sie** sich überlegt?

Verweigert der Vorgesetzte Antworten und stellt er Fragen, veranlasst er den Mitarbeiter, den persönlichen Computer im Kopf zu aktivieren und seine Arbeit selbst zu tun. Erforderlichenfalls wird er mit dem Mitarbeiter die zur Entscheidung notwendigen Informationen durchgehen, den Mitarbeiter daraufhin aber selbst entscheiden lassen. Damit
- wäre keine Rückdelegation zugelassen,
- hätte der Mitarbeiter weiterhin Entscheidungen in seinem Bereich zu treffen und zu verantworten,
- bekäme der Mitarbeiter das Vertrauen seines Vorgesetzten zu spüren, der ihm ja trotz aufgetretener Probleme weiterhin sein Vertrauen schenkt und
- hätte der Mitarbeiter einen Ansporn zu weiterem Mitdenken und Mithandeln.

Vorsorglich wird der Vorgesetzte den zur Rückdelegation neigenden Mitarbeiter häufiger kontrollieren und ihm dabei so oft wie möglich bestätigen, dass er seine Entscheidungen sachgerecht getroffen hat (Grundsatz der positiven Verstärkung).
Bevor weiterer Schaden entsteht, lassen Sie eine Rückdelegation nur ausnahmsweise zu, wenn Sie zu der begründeten Auffassung gelangen, dass eine ursprüng-

lich nicht erwartete Überforderung des Mitarbeiters vorliegt.

Sucht Sie ein Mitarbeiter mit einem Problem auf, lassen Sie dies nicht bei sich abladen. Stellen Sie unterstützende Fragen, geben Sie Zusatzinformationen – aber achten Sie darauf, dass der Mitarbeiter anschließend das Problem wieder mitnimmt! So managen Sie Ihren Mitarbeiter – Bei Rückdelegation managt der Mitarbeiter Sie! Treten Sie der Rückdelegation nicht entgegen, werden Sie zum besten Mitarbeiter Ihres Mitarbeiters!!!

5.3 Sie sehen zwingend eine Nachbesprechung vor

Nach erst- oder mehrmaliger Durchführung der delegierten Aufgabe muss eine Nachbesprechung mit dem Mitarbeiter folgen. Dieses Gespräch führen Sie nicht überfallartig zwischen Tür und Angel, sondern vereinbaren mit dem Mitarbeiter rechtzeitig einen Termin, damit auch er sich vorbereiten kann. Selbstverständlich machen Sie sich vorher Gedanken, wie nach Ihren Kontrollergebnissen der Mitarbeiter die Aufgabe gemeistert hat, was gut gelaufen ist und was als verbesserungswürdig eingestuft werden kann. Begehen Sie nicht den Fehler, das Geschehene in epischer Breite aus dem eigenen Blickwinkel darzustellen und den Mitarbeiter zum Zuhören zu verurteilen. Da der Mitarbeiter die delegierte Aufgabe auch künftig erledigen soll, ist seine Meinung gefragt. Ihnen bleibt es vorbehalten, das Gespräch durch überlegte Fragen zu steuern. So könnten Sie folgende Fragen stellen:

- Wie ist Ihrer Meinung nach die Delegation bisher gelaufen?
- Was ist Ihnen bei der neuen Aufgabe sowohl positiv als auch negativ aufgefallen?
- Hatten Sie das Gefühl, dass ich mich – ohne es zu merken – zu häufig eingemischt habe?
- Erwiesen sich die anfänglich vereinbarten Ziele (siehe Seite 54) als realistisch?
- Was lief schief? Was taten Sie, um die Arbeit dennoch zufriedenstellend zu erledigen?
- Lässt sich Ihr gesamtes Arbeitspensum in der zur Verfügung stehenden Zeit erledigen?
- Stehen Ihnen alle für die Aufgabenerledigung erforderlichen Hilfsmittel zur Verfügung?
- Sind Unklarheiten in den Kompetenzregelungen aufgetreten?
- Traten sonstige Probleme zu Tage, die wir zu Beginn der Delegation übersahen?
- Verfügen Sie über genügend Informationen?
- Welche Vorschläge haben Sie zur Verbesserung des Arbeitsablaufs bei der delegierten Aufgabe?
- Welche Mittel und Wege können wir zur Beseitigung festgestellter Mängel nutzen?
- Sind Sie nach Ihren bisherigen Erfahrungen auch künftig bereit, weitere Aufgaben zu übernehmen?

Selbst wenn bislang die Aufgabenerledigung noch nicht Ihren Vorstellungen entspricht, führen Sie dennoch das Gespräch in einer kooperativen und kon-

struktiven Atmosphäre in dem Bestreben, den Mitarbeiter weiter aufzubauen.
Mit der Auswertung der Erkenntnisse aus Ihrer Nachbesprechung ist der Delegationsvorgang abgeschlossen; die übertragene Aufgabe ist nun fester Bestandteil des Aufgabenkatalogs Ihres Mitarbeiters.
Spätestens jetzt sollten Sie organisatorische Schritte einleiten, damit die vollzogene Delegation einen offiziellen Charakter erhält. Dies kann beispielsweise durch Änderung der Stellenbeschreibung des Mitarbeiters und durch Information aller Mitarbeiter Ihres Bereichs über die neue Regelung geschehen.

Nach Ihrer intensiven Beschäftigung mit den bisherigen Kapiteln dieses Buches werden Sie optimal delegieren und bis dato unbekannten Stolpersteinen und typischen Fallen ausweichen. Künftig schlagen Sie mehrere Fliegen mit einer Klappe: Die Aufgaben in Ihrem Zuständigkeitsbereich werden von Ihren motivierten Mitarbeitern optimal erledigt. Mit dem Zuwachs an neuen, komplexen und herausfordernden Aufgaben einschließlich Übertragung von Kompetenzen und Verantwortung entwickeln sich Ihre Mitarbeiter weiter. Bald erzielen Sie nicht nur eine zeitliche Entlastung, sondern genießen zudem das Image eines erfolgreichen Vorgesetzten.

6. Die fallweise Delegation/ Anweisung

Welche Leitfragen sind bei der Formulierung einer Anweisung hilfreich?

Seite 70

Worauf achten Sie bei der Erteilung von Anweisungen?

Seite 73

Unsere bisherigen Erörterungen betrafen vorrangig die dauerhafte Delegation von Aufgaben, Kompetenzen und Verantwortung. Wollen Sie eine Aufgabe lediglich einmalig oder gelegentlich übertragen oder verfügt der Mitarbeiter über einen niedrigen Reifegrad, erteilen Sie einen **Einzelauftrag** und verdeutlichen Ihren zielgerichteten Willen mittels einer **Anweisung**.

Das Führungsmittel Anweisung zählt zum „täglich Brot“ einer Führungskraft. Dass Anweisungen hin und wieder unzureichend sind, kommentieren Vorgesetzte wie folgt:

- „Man kann sich den Mund fusselig reden. Entweder werden meine Anweisungen falsch oder überhaupt nicht befolgt. Es wird wohl höchste Zeit, mit eisernem Besen zu kehren.“

- „Obwohl ich meinen Mitarbeitern bis ins letzte Detail unter großem Zeitaufwand die geforderten Arbeiten erkläre, kommt immer wieder der Schlendrian durch.“

- „Manchmal bin ich dicht dran, die Arbeit selber zu machen, bevor ich zeitraubende Anweisungen gebe, die dann fehlerhafte Arbeiten bei meinen „Experten“ auslösen.“

Diese Vorgesetzten suchen bei unzureichenden Ergebnissen die Schuld bei Ihren Mitarbeitern, nicht aber bei den vermutlich unklaren und unvollständigen Anweisungen.

Sollen Ihre Anweisungen gute Ergebnisse bringen, werden Sie erst dann tätig, wenn Sie sich selbst über den Auftrag klar sind und diesen nicht erst während des Gesprächs mit dem Mitarbeiter zusammenstümpern.

6.1 Leitfragen für die Formulierung von Anweisungen

Vor Erteilung einer Anweisung überdenken Sie die

6 W`s

WER?	**WAS?**	**WANN?**
WIE?	**WOMIT?**	**WARUM?**

WER?

- Wer ist der zuständige Mitarbeiter?
- Wer ist der geeignetste (nicht der bereitwilligste!) Mitarbeiter?
- Welchem bestimmten Mitarbeiter gebe ich die Anweisung?
- Wer muss mitwirken?

Achtung, häufige Fehlerquelle:
An einen unbestimmten Personenkreis gerichtete Anweisungen

- *„Man sollte schnellstens die Werkstatt aufräumen...“*
- *„Hier muss endlich einmal Aktivität gezeigt werden...“*

lassen offen, wer etwas tun soll. Zumeist fühlt sich kein Mitarbeiter angesprochen, so dass diese diffusen Handlungsanstöße verpuffen. Oder – was seltener der Fall ist – es fühlen sich mehrere Mitarbeiter angesprochen mit der Folge, dass Kompetenzrangeleien mit dem Ergebnis einer Verschlechterung der Beziehungen der Mitarbeiter untereinander auftreten und sogar Doppel- / Mehrfacharbeit geleistet wird.

WAS?

Was soll gemacht werden? Aufgaben und Teilaufgaben werden konkret beschrieben und das angestrebte Ergebnis genannt. Akzeptable Abweichungen vom Soll sowie denkbare Schwierigkeiten werden dargestellt.

WANN?

Bis wann soll die Arbeit begonnen, bis wann ausgeführt sein? Welche Zwischentermine sind zu beachten? Wann will ich über den Arbeitsfortschritt informiert werden? Achtung, häufige Fehlerquellen:
Vielfach werden den Mitarbeitern zu knappe Termine gesetzt. Stellen Sie jede Anweisung als brandeilig heraus, die eigentlich *„schon vorgestern hätte erledigt werden müssen“*, erlahmt das Bemühen des Mitarbeiters um eine schnelle Ausführung. Mit unpräzisen Aufforderungen wie *„sobald wie möglich“*, *„bei Gelegenheit“* oder *„wenn Sie einmal Zeit haben“* vermitteln Sie den Eindruck, dass bei dieser unbedeutenden Arbeit noch nicht einmal eine Terminvereinbarung vonnöten ist. Wird überhaupt kein Termin gesetzt, kann unsere Geduld auf eine harte Probe gestellt werden, weil die Aufgabenerledigung eine Ewigkeit auf sich warten lässt.

WIE ?

Empfohlen wird jedem Vorgesetzten, dem Mitarbeiter bei der Ausführung von Anweisungen unter Berücksichtigung seiner Fähigkeiten und der Sachforderung

so viel Freiheit wie irgendmöglich zuzugestehen. Der Mitarbeiter kann so eher erkennen, dass der Vorgesetzte ihn für befähigt hält, die Anweisung eigenständig auszuführen.
Während Sie bei Mitarbeitern mit niedrigem Reifegrad (siehe Sete 51) dem WIE? in Ihrer Anweisung größere Bedeutung beimessen, werden Sie dieser Frage bei Mitarbeitern mit hohem Reifegrad eher geringe Beachtung schenken. Dennoch kann auch bei Mitarbeitern mit großem Fähigkeitspotenzial in besonderen Fällen eine Klärung der Arbeitsausführung günstig sein – dann ist aber das „WARUM ?“ überzeugend darzulegen, um den sonst entstehenden Eindruck *„Womit habe ich das Misstrauen des Meisters verdient, dass er mir plötzlich alles vorschreibt ? Ist er mit meinen bisherigen Leistungen so unzufrieden, dass mir jetzt alles vorgekaut werden muss?“* zu vermeiden.
Achtung, häufige Fehlerquelle:
Ohne Ansehen der Person und seines Potenzials werden stets Anweisungen bis ins letzte Detail gegeben, die zu einer Einschränkung der Handlungsmöglichkeiten des Mitarbeiters führen.
Belassen Sie Ihren Mitarbeitern ein möglichst hohes Maß an Selbstständigkeit. Hierdurch werden das Selbstbewusstsein gestärkt sowie der Ehrgeiz und das Wettbewerbsstreben geweckt.

WOMIT ?

Welche Hilfsmittel, Vordrucke, Werkzeuge, Unterlagen, Vorschriften sind für eine ordnungsgemäße Arbeitsausführung vonnöten? Es kann zum Beispiel keine computerunterstützte Konstruktionszeichnung erwartet werden, wenn der Mitarbeiter über einen PC ohne die erforderliche Software verfügt.

WARUM ?
Nur wenn Ihr Mitarbeiter weiß, warum er etwas erledigen soll, fühlt er sich verstärkt verantwortlich und bemüht sich intensiver um eine gute Aufgabenerledigung. Machen Sie den Mitarbeiter mit Hintergründen und Zusammenhängen vertraut, beziehen Sie ihn stärker in das Betriebsgeschehen ein und wecken sein Interesse und sein Engagement.
Selbstverständlichkeiten erläutern Sie nicht in epischer Breite, sondern beschränken sich bei Ihren Kommentaren auf die wesentlichen Punkte.

Mit den „6 W`s“: WER?
WAS?
WANN?
WIE?
WOMIT?
WARUM?
klopfen Sie den Inhalt Ihrer Anweisungen ab. Damit behalten Sie die wesentlichen Punkte einer Anweisung im Auge und können sicher sein, keine Essentials vergessen zu haben.

6.2 So steigern Sie die Qualität Ihrer Anweisungen

– Anweisungen sollten präzise und eindeutig (Interpretationsmöglichkeiten werden weitgehend ausgeschlossen) sowie kurz und knapp (niemand opfert gerne seine Zeit , um langatmigen und ausschweifenden Ausführungen zu lauschen) gegeben werden.

- Anweisungen werden so „narrensicher“ formuliert, dass sie der Mitarbeiter verstehen muss (keine wenig bekannten Fremdwörter bringen, keine ausufernden Schachtel- und Bandwurmsätze).

- Ein Kasernenhofton degradiert den Mitarbeiter zum Untergebenen. Sie wählen stets einen höflichen, ruhigen und sachlichen Ton und sprechen Ihre Mitarbeiter so an, wie Sie selbst gern angesprochen werden möchten.

- Was der Vorgesetzte sagt, wird nicht immer vom Mitarbeiter akustisch richtig aufgenommen, wird möglicherweise anders interpretiert, manches sogleich vergessen. Sie begegnen diesen Fehlerquellen, indem Sie auf ein Feedback des Mitarbeiters in Form der Wiederholung Ihrer Anweisungen bestehen oder zum Nachfragen ermutigen.
  - *„Könnten Sie bitte wiederholen, was jetzt auf Sie zukommt?“*
  - *„Können Sie bitte zum Abschluss noch einmal darstellen, was wir soeben festgelegt haben?“*
  - *„Ich hoffe, ich habe nichts vergessen. Können Sie es noch einmal wiederholen, damit wir sicher sein können?“*

  Hierdurch gewinnen Sie die Gewissheit, vom Mitarbeiter richtig verstanden worden zu sein bzw. Unklarheiten ausgeräumt zu haben.

- Komplizierte Anweisungen erläutern Sie dem Mitarbeiter mündlich und geben zusätzlich schriftliche Hinweise, dies vor allem, wenn verschiedene Zahlen eine Rolle spielen.

- Sind Sie stark erregt (insbesondere bei zornigem Gemütszustand), vermeiden Sie Anweisungen, weil sich diese nach Beruhigung und Wiederherstellung Ihres inneren Gleichgewichts oft in einem anderen Licht darstellen.

- Erteilen Sie Anweisungen ohne Zwischenstationen. Hierdurch vermeiden Sie Informationsverfälschungen (denken Sie an die beliebte Übung aus Ihrer Schulzeit: Stille Post). Auch entsteht bei Ihrem Mitarbeiter nicht der Eindruck, dass es sich um unwichtige Anweisungen handelt, weil sich der Vorgesetzte nicht die Zeit nimmt, die Anweisung selbst zu erteilen.

- Die Befolgung von Anweisungen ist in angemessener Form zu kontrollieren. Wird eine Anweisung nicht oder nur unzureichend ausgeführt und folgt keine Kontrolle mit Kommentierung durch Sie, werden Ihre Anweisungen künftig nicht mehr ernst genommen.

Ihre Anweisung ist keine Befehlsausgabe! Soll sie auf fruchtbaren Boden fallen, darf sich der Mitarbeiter nicht als bedingungslos gehorchendes ausführendes Organ erkennen, das „zu spuren" hat, sondern muss in das Geschehen einbezogen werden. Liefert er vor Beginn der übertragenen Arbeit eigene Beiträge und identifiziert er sich so mit der zu erledigenden Aufgabe, kann eher mit einem erfolgreichen Ergebnis gerechnet werden.

Ausblick

Nach der Lektüre dieses Buches wissen Sie, dass über eine verstärkte Delegation von Aufgaben, Kompetenzen und Verantwortung sowohl aufgaben- als auch personenbezogen bessere Ergebnisse zu erwarten sind. Nun gilt es für Sie, unsere Empfehlungen in die Praxis umzusetzen, nach dem Motto: „Frisch gewagt ist halb gewonnen". Damit einhergehende anfängliche Umstellungsprobleme werden für Sie manchmal Enttäuschungen, aber häufiger angenehme Überraschungen bringen. Gehen Sie bei der Delegation behutsam, durchdacht und schrittweise vor, werden Ihre Bemühungen unter dem Strich für alle Beteiligten durch verbesserte Leistung und Zufriedenheit der Mitarbeiter von Erfolg gekrönt sein. Ihre Mitarbeiter wandeln sich

von Befehlsempfängern	zu Mitdenkern,
von Durchführenden	zu Gestaltern,
von Betroffenen	zu Beteiligten und damit
von Untergebenen	zu sich mitverantworlich fühlenden Mitarbeitern.

Behalten Sie stets bei Ihren Delegationsbemühungen eine alte Weisheit im Gedächtnis:

**Wer ein Orchester leiten will,
der muss andere spielen lassen!**

Weiterführende Literatur

- Arbeitsgruppe Information: Informieren – Delegieren, Stuttgart 1970
- Armstrong, Michael: Wie man ein noch besserer Manager wird, Wien 1996
- Czichos, Reiner: Coaching = Leistung durch Führung, München 1995
- Graichen, Winfried / Seiwert, Lothar J.: Das ABC der Arbeitsfreude, Offenbach 1996
- Höhn, Reinhard: Führungsbrevier der Wirtschaft, Bad Harzburg 1977
- Höhn, Reinhard: Der Weg zur Delegation von Verantwortung – Ein Stufenplan, Bad Harzburg 1979
- Kratz, Hans-Jürgen: Anerkennung und Kritik, Wien 1997
- Maddux, Robert B.: Erfolgreich delegieren, Wien 1994
- Payne, John / Payne, Shirley: Richtig delegieren, Niedernhausen 1997
- Roebuck, Chris: Professionell delegieren, Landsberg 2001
- Seiwert, Lothar J.: Das neue 1x1 des Zeitmanagement, Offenbach 1998

Stichwortverzeichnis

Zu diesem Themenkreis sind bereits erschienen:

Hans-Jürgen Kratz
30 Minuten für richtiges Feedback

ISBN 3-89749-514-7

Moritz Boerner
30 Minuten für die Auflösung von Ärger und Frustration

ISBN 3-89749-513-9

Reinhard Philippi
30 Minuten für die persönliche Inszenierung

ISBN 3-89749-515-5

Peter Heigl
30 Minuten für faires Streiten und gute Konflikt-Kultur

ISBN 3-89749-295-4

Peter Heigl
30 Minuten für Philosophie Teil 1 Geschichte und Strömungen

ISBN 3-89749-446-9

Peter Heigl
30 Minuten für Philosophie Teil 2 Philosophen und ihre Lehren

ISBN 3-89749-478-7

GABAL Verlag GmbH
Postfach 200 252, 63077 Offenbach
Tel.: 0 69/83 00 66-0; Fax: 0 69/83 00 66-66
www.gabal-verlag.de
E-Mail: info@gabal-verlag.de